Italian texts

GENERAL EDITOR: KATHLE

FIABE ITALIANE

Italo Calvino

Fiabe italiane

Selections

edited, with introduction, notes,
exercises and vocabulary by

Joan Hall M.A. (Cantab.)

Manchester University Press

Italian text © 1956 Giulio Einaudi editore s.p.a., Torino
All English material © 1976 Manchester University Press

Published by
Manchester University Press
Oxford Road,
Manchester M13 9PL

ISBN 0 7190 0645 7

Printed in Great Britain by
Unwin Brothers Limited
Old Woking, Surrey

Contents

	page
Preface	vii
Introduction	1

Fiabe italiane
1. Giovannin senza paura — 5
2. La ragazza mela — 7
3. La scienza della fiacca — 9
4. Il bambino nel sacco — 11
5. La penna di hu — 14
6. L'acqua nel cestello — 17
7. L'amore delle tre melagrane — 19
8. Giuseppe Ciufolo che se non zappava suonava lo zufolo — 24
9. La finta nonna — 26
10. Le ossa del moro — 28
11. La sorella del Conte — 31
12. I tre orfani — 34
13. Cola Pesce — 36
14. Cric e Croc — 39
15. Il giocatore di biliardo — 41
16. Il paese dove non si muore mai — 44
17. I tre castelli — 47
18. Cicco Petrillo — 50
19. L'uva salamanna — 52
20. I biellesi, gente dura — 56
21. La vecchia dell'orto — 56
22. Mastro Francesco Siedi-e-mangia — 59
23. L'uomo verde d'alghe — 63
24. Massaro Verità — 66
25. Il regalo del vento tramontano — 69
26. La testa della Maga — 73
27. La potenza della felce maschio — 77
28. Il linguaggio degli animali — 80
29. Il palazzo delle scimmie — 83
30. Salta nel mio sacco! — 87

Notes and exercises — 95
Selective vocabulary — 128

Preface

The stories in this book, chosen from Italo Calvino's collection of *Fiabe italiane* (Einaudi, 1956), have proved to be remarkably good reading matter for students of Italian at a fairly early stage. They were collected by a major contemporary Italian novelist and written for Italian readers (adults and children) in a language full of vitality, strength and beauty which is at the same time simple and easy to read—a rare, perhaps unique, combination.

They are simple in that their vocabulary is concrete, largely central (allowing for a few kings and witches) and repetitious without being tiresome. The sentences are short and straightforward; the syntax is that of the spoken language. The action moves ahead rapidly with no padding; the student finds no digressions or long descriptions and few metaphors to confuse him. On the other hand the text provides ample experience with verbs, which is what students seem to need most. The stories are short and lively, and everyone knows the genre, which aids comprehension.

Anyone with a basic experience of Italian grammar can read the *Fiabe*. The leap from textbook to living language is long but salutary, and in practice the enormous charm of the stories makes it well worth the effort. They have proved very popular with 'O' level pupils, adult evening-class beginners and other groups of students.

The *fiabe* in this collection have been chosen for linguistic ease, variety, representation of different regions and sheer enjoyment. They are arranged roughly in order of difficulty, and inexperienced students will do best to work through them in sequence, as I have made an effort to build upon and reinforce the vocabulary and structures of what has gone before. The exercises, on the other hand, do not progress in difficulty but are simply designed to exploit the linguistic resources of each story. Many of them are brief compositions involving simple tense or person changes. The notes and vocabulary have been made very extensive, with the near beginner in mind.

Thanks are due to the House of Einaudi for permission to reprint the *Fiabe*. And for their encouragement and criticism I wish to thank my colleagues A. D. Thompson, Anna Bristow, Lucia Duff, and especially Paola Pinna, who kindly read and corrected the notes and exercises. I am very grateful indeed to Dr Kathleen Speight of the Manchester University Press for her encouragement, help and valuable suggestions. My grateful thanks above all to the students who have served cheerfully as guinea-pigs for all my experiments, successful and otherwise. I hope our joint efforts and Calvino's lovely *Fiabe* will bring more enjoyment, and more Italian, to many students in the future.

Cambridge, February 1976   Joan Hall

Note on the illustrations

The illustrations are woodcuts from early Italian printed books in the John Rylands University Library of Manchester, obtained with the kind assistance of Dr Margaret M. Wright and reproduced by courtesy of the library.

Introduction

In 1954 the House of Einaudi were publishing a *collana* of folk-tales from different countries. When they looked for an Italian volume to stand beside the others they found that no suitable collection existed.

Paradoxically, the Italians were among the very first (as in so many other things) to collect folk-tales in written form: Straparola's *Piacevoli notti* was published in Venice in the mid sixteenth century, and Basile's *Pentamerone* appeared in Naples in the seventeenth. These were elaborately written and filled with marvels, enchantments and horrors to suit the taste of the time. Like Boccaccio's *Decameron* and the *Thousand and One Nights* they were meant to entertain a small leisured and literate adult public.

After this early flowering, however, the *fiabe* were virtually ignored by writers for a very long time. Part of the reason may be that the stories belong to an oral narrative tradition, in a land where the spoken language has always been fragmented into many regional dialects and the literary language was highly refined and specialised, largely divorced from the uses of everyday life. However in the late nineteenth century, at a time when literacy was increasing and patriots exalted the common people as bearers of national virtue, a number of ethnologists and *'folcloristi'* [1] began taking down stories as told by the *nonne* and reproducing them in various forms, from nearly word-for-word dialect transcriptions to synthetic 'folksy' versions to polished literary renderings.

Apart from a few collections for children,[2] however, almost none of this work was intended for the general public; it was out of the main stream of literature, scholarly and largely shut up in specialist libraries. So it was that in 1954 the Einaudi editors could find no great national collection, comparable to Grimm, that could be read and enjoyed by all Italians. Since no such volume was ready to hand they asked their associate Italo Calvino to create one.

---

[1] The best known and most prolific of these scholars was Giuseppe Pitré (1843-1916), who published large collections of Sicilian and Tuscan tales.
[2] Notably Carducci and Brilli, *Letture italiane scelte ad uso delle scuole secondarie inferiori* (1889), Luigi Capuana, *C'era una volta* (1882), and Antonio Baldini, *La strada delle meraviglie* (1923). For further information on earlier collections of Italian folk-tales see Calvino's Introduction to the *Fiabe italiane* (Einaudi, 1956), which is in fact the source of most of the information presented here.

2   *Fiabe italiane*

Calvino is a novelist and short-story writer much of whose original work contains an element of the 'fabulous' very much in tune with the material of the *fiabe*. His best-known work is the trilogy *I nostri antenati* ('Our ancestors'), consisting of three novels. In the first, *Il visconte dimezzato* (literally 'The bisected viscount'), written in 1952, a nobleman goes to war and is blasted cleanly into two vertical halves, one good and one bad, which survive and go about the country confusing everyone until by good luck they get sewn together again. The second novel, *Il barone rampante* (1957),[3] is set in the eighteenth century. In it a boy (the young baron) climbs up a tree when his father tries to make him eat a dish of snails. 'I'll catch you when you come down!' roars the father; 'I'll never come down!' replies the boy, and he never does. Fortunately the woods were thick in those days: he covered a lot of ground by climbing from tree to tree and his long life was rich in adventures, fantastic and yet ruled by a certain captivating logic. In the third novel, *Il cavaliere inesistente* ('The non-existent knight', 1959), one of the main characters is a suit of armour in Charlemagne's army: it walks, talks and fights, a paragon of all knightly virtues, except that it is empty—no human being inhabits it. These novels are marvellous reading, rich in character, adventure, history, humour and serious social and moral comment within the framework of fantasy. In *Marcovaldo*, a series of short stories published in 1963, the protagonist is a country-born factory worker who confronts the oppression of city life with a pure heart, peasant cunning and boundless optimism. He always loses. Though these stories are enjoyed by the young they are not essentially childish any more than Chaplin's little tramp is childish: their underlying themes—good and evil, innocence and worldliness, hope and dismay, the individual and the mass—belong to no particular age group.

These are just a few of Calvino's works, mentioned simply to suggest what sort of writer he is and why he was the obvious choice as an editor of folk-tales. For a fuller discussion of his life and work see Dr J. R. Woodhouse's introduction to the edition of *Il barone rampante* cited above.

In his introduction to the *Fiabe* Calvino tells us that he began his task almost without enthusiasm: he was put off by the formlessness of the 'lazy and passive oral tradition' and daunted by the mass of scholarly anthropological, psychological and aesthetic theories that surrounded the subject of folklore. But he began digging among the sources and soon got caught up in the work. 'Little by little I was

---

[3] Manchester University Press, 1970. Edited with introduction, notes and vocabulary by J. R. Woodhouse.

gripped by a sort of mania, an insatiable hunger for versions and variants, a fever of comparing and classifying ... I'd have traded all Proust for a new variant of *Ciuchino caca-zecchini*' (literally 'The little donkey who excreted gold coins', a story not included in the final collection). He got caught up by the 'tentacular nature' of the subject, in its infinite variety and infinite repetition, and discovered in the Italian folk-tale such a 'richness and clarity and variety, flickering between the real and the unreal, that it need not envy the more celebrated folk-tales of Germanic, Nordic and Slavic countries'. In the Italian *fiabe* he saw 'general qualities of grace, wit and economy of design'.

'For two years', he writes, 'I lived among forests and enchanted palaces, wondering how to see the face of the beautiful stranger who comes every night to lie beside the knight, or whether to use the cloak of invisibility or the ant's leg, eagle's feather and lion's claw that transform the bearer into the corresponding animals'. Confronted by the mass of scholarly sources, he strove 'to select from that mountain of narratives, always the same (reducible to about fifty types in all), the most beautiful, original and rare versions; to translate them from the dialects in which they had been collected (or, where unfortunately all we had was an Italian translation—often shorn of all freshness of authenticity—to try—a thorny task—to renarrate them and recreate some of their lost freshness); to enrich the chosen version with material from other variants, when this could be done without impairing its character and inner unity, so as to make it as full and well-articulated as possible; to fill in with deft invention places that seemed slurred over or cut short; to keep it all on the level of an Italian that is never too personal and never too flat, rooted as far as possible in the dialect, without throwing in 'educated' expressions, an Italian elastic enough to embrace and incorporate the most expressive and unusual images and turns of phrase found in the dialect'. (For a measure of Calvino's flexibility of style, compare the above sentence with those in the stories!) 'This', he adds, 'was my plan of work; I don't know how far I managed to realise it.'

His readers can answer that question: the result of his labours, a great collection of two hundred tales from sixty regions of Italy, is a notable artistic achievement. The stories are told straight, without frills, in a rich and rapid colloquial style. In the content and delivery of the tales we can find regional colour, but there is an overall unity of diction and tone. The presence of Calvino, the story-teller, is unseen but felt throughout—not as a scholarly, detached editor but as one for whom the tales carry profound conviction. He writes in his introduction, 'Io credo questo: le fiabe sono vere.'

He explains, 'Taken all together they are, in their ever-repeated and ever-changing casebook of human events, a general explanation of

Fiabe italiane

life, born in far-off times and conserved in the slow rumination of the peasant mind down to our day; they are a catalogue of the destinies that can be given a man and a woman, especially for that part of life which is the making of one's destiny: youth—from birth, which often portends good or evil, to leaving home, to the trials of becoming an adult and then a mature person, of confirming oneself as a human being. And in this summary design, everything: the drastic division of living beings into kings and paupers and yet their essential equality; the persecution of an innocent person and his redemption as terms of a dialectic within each life; love encountered before it is known and then at once suffered as a lost blessing; the common fate of being subject to spells, that is, of having one's fate decided by complex unknown forces, and the effort to free oneself and find one's own way, which is seen as an elementary duty along with the duty of freeing others—or rather, the impossibility of freeing oneself alone, the freeing of oneself through freeing others; fidelity to an undertaking and purity of heart as basic virtues that lead to salvation and triumph; beauty as a sign of grace, which can however be hidden under wraps of humble ugliness such as a frog's body; and above all the unitary substance of everything, men, animals, plants, things; the infinite possibility of metamorphosis of that which exists.'

The author's sensitivity to deeper levels of meaning in the *fiabe* illuminates, but in no way burdens, the text of the tales. There all is clear, simple and fluent. This combination of profundity and lightness of touch is Calvino's particular gift. His *Fiabe* can be enjoyed at all levels—as children's stories, as folklore, as Italian literature, as reflections of human experience.

Fiabe italiane

1 Giovannin senza paura

C'era una volta[1] un ragazzetto chiamato Giovannin senza paura, perché non aveva paura di niente. Girava per il mondo e capitò a una locanda a chiedere alloggio. — Qui posto non ce n'è,[2] — disse il padrone, — ma se non hai paura ti mando in un palazzo.
— Perché dovrei aver paura?
— Perché *ci si sente,*[3] e nessuno ne è potuto uscire altro che morto. La mattina ci va la Compagnia[4] con la bara a prendere chi ha avuto il coraggio[5] di passarci la notte.
Figuratevi[6] Giovannino! Si portò un lume, una bottiglia e una salciccia, e andò.
A mezzanotte mangiava seduto a tavola, quando dalla cappa del camino sentí una voce: — Butto?
E Giovannino rispose: — E butta!
Dal camino cascò giú una gamba d'uomo. Giovannino bevve un bicchier di vino.
Poi la voce disse ancora: — Butto?
E Giovannino: — E butta! — e venne giú un'altra gamba. Giovannino addentò la salciccia.
— Butto?
— E butta! — e viene giú un braccio. Giovannino si mise a fischiettare.[7]
— Butto?
— E butta! — un altro braccio.
— Butto?
— Butta!
E cascò un busto che si riappiccicò alle gambe e alle braccia, e restò un uomo in piedi senza testa.
— Butto?
— Butta!
Cascò la testa e saltò in cima al busto. Era un omone gigantesco, e Giovannino alzò il bicchiere e disse: — Alla salute!
L'omone disse: — Piglia il lume e vieni.
Giovannino prese il lume ma non si mosse.

— Passa avanti! — disse l'uomo.
— Passa tu, — disse Giovannino.
— Tu! — disse l'uomo.
— Tu! — disse Giovannino.

Allora l'uomo passò lui e una stanza dopo l'altra traversò il palazzo, con Giovannino dietro che faceva lume. In un sottoscala c'era una porticina.

— Apri! — disse l'uomo a Giovannino.

E Giovannino: — Apri tu!

E l'uomo aperse con una spallata. C'era una scaletta a chiocciola.

— Scendi, — disse l'uomo.

— Scendi prima tu, — disse Giovannino.

Scesero in un sotterraneo, e l'uomo indicò una lastra in terra. — Alzala![8]

— Alzala tu! — disse Giovannino, e l'uomo la sollevò come fosse stata[9] una pietruzza.

Sotto c'erano tre marmitte d'oro. — Portale su! — disse l'uomo.

— Portale su tu! — disse Giovannino. E l'uomo se le portò su una per volta.

Quando furono di nuovo nella sala del camino, l'uomo disse:

— Giovannino, l'incanto è rotto! — Gli si staccò una gamba[10] e scalciò via, su per il camino. — Di queste marmitte una è per te, — e gli si staccò un braccio e s'arrampicò per il camino. — Un'altra è per la Compagnia che ti verrà a prendere credendoti morto, — e gli si staccò anche l'altro braccio e inseguí il primo. — La terza è per il primo povero che passa, — gli si staccò l'altra gamba e rimase seduto per terra. — Il palazzo tientelo pure tu, — e gli si staccò il busto e rimase solo la testa posata in terra. — Perché dei padroni di questo palazzo, è perduta per sempre ormai la stirpe,[11] — e la testa si sollevò e salí per la cappa del camino.

Appena schiarí il cielo, si sentí un canto: *Miserere mei, miserere mei,* ed era la Compagnia con la bara che veniva a prendere Giovannino morto. E lo vedono alla finestra che fumava la pipa.

Giovannin senza paura con quelle monete d'oro fu ricco e

abitò felice nel palazzo. Finché un giorno non gli successe[12] che, voltandosi, vide la sua ombra e se ne spaventò tanto che morí.

2 La ragazza mela

C'era una volta un Re e una Regina, disperati perché non avevano figlioli. E la Regina diceva: — Perché non posso fare figli, cosí come il melo fa le mele?[1]

Ora successe che alla Regina invece di nascerle un figlio le nacque una mela. Era una mela cosí bella e colorata come non se n'erano mai viste. E il Re la mise in un vassoio d'oro sul suo terrazzo.

In faccia a questo Re[2] ce ne stava un altro, e quest'altro Re, un giorno che stava affacciato alla finestra,[3] vide sul terrazzo del Re di fronte una bella ragazza bianca e rossa come una mela che si lavava e pettinava al sole. Lui rimase a guardare a bocca aperta, perché mai aveva visto una ragazza cosí bella. Ma la ragazza appena s'accorse d'esser guardata, corse al vassoio, entrò nella mela e sparí. Il Re ne era rimasto innamorato.

Pensa e ripensa, va a bussare al palazzo di fronte, e chiede della Regina: — Maestà, — le dice, — avrei da chiederle un favore.[4]

— Volentieri, Maestà; tra vicini se si può essere utili[5]... — dice la Regina.

— Vorrei quella bella mela che avete sul terrazzo.

— Ma che dite, Maestà? Ma non sapete che io sono la madre di quella mela, e che ho sospirato tanto perché mi nascesse?[6]

Ma il Re tanto disse tanto insistette, che non gli si poté dir di no per mantenere l'amicizia tra vicini. Cosí lui si portò la mela in camera sua. Le preparava tutto per lavarsi e pettinarsi, e la ragazza ogni mattino usciva, e si lavava e pettinava e lui la stava a guardare. Altro non faceva, la ragazza: non mangiava, non parlava. Solo si lavava e pettinava e poi tornava nella mela.

Quel Re abitava con una matrigna, la quale, a vederlo sempre chiuso in camera, cominciò a insospettirsi: —

Pagherei a sapere perché mio figlio se ne sta[7] sempre nascosto!

Venne l'ordine di guerra e il Re dovette partire. Gli piangeva il cuore, di lasciare la sua mela! Chiamò il suo servitore piú fedele e gli disse: — Ti lascio la chiave di camera mia. Bada che non entri nessuno. Prepara tutti i giorni l'acqua e il pettine alla ragazza della mela, e fa' che non le manchi niente.[8] Guarda che poi lei mi racconta tutto[9] —. (Non era vero, la ragazza non diceva una parola, ma lui al servitore disse cosí). — Sta' attento che se le fosse torto un capello durante la mia assenza, ne va della tua testa.[10]

— Non dubiti, Maestà, farò del mio meglio.

Appena il Re fu partito, la Regina matrigna si diede da fare[11] per entrare nella sua stanza. Fece mettere dell'oppio nel vino[12] del servitore e quando s'addormentò gli rubò la chiave. Apre, e fruga tutta la stanza, e piú frugava meno

trovava. C'era solo quella bella mela in una fruttiera d'oro.
— Non può essere altro che questa mela la sua fissazione!

Si sa che le Regine alla cintola portano sempre uno stiletto. Prese lo stiletto, e si mise a trafiggere la mela. Da ogni trafittura usciva un rivolo di sangue. La Regina matrigna si mise paura,[13] scappò, e rimise la chiave in tasca al servitore addormentato.

Quando il servitore si svegliò, non si raccapezzava di cosa gli era successo. Corse nella camera del Re e la trovò allagata di sangue. — Povero me! — Cosa devo fare? — e scappò.

Andò da sua zia, che era una Fata e aveva tutte le polverine magiche. La zia gli diede una polverina magica che andava bene per le mele incantate e un'altra che andava bene per le ragazze stregate e le mescolò insieme.

Il servitore tornò dalla mela e le posò un po' di polverina su tutte le trafitture. La mela si spaccò e ne uscí fuori la ragazza tutta bendata e incerottata.

Tornò il Re e la ragazza per la prima volta parlò e disse: — Senti, la tua matrigna m'ha preso a stilettate,[14] ma il tuo servitore mi ha curata. Ho diciotto anni e sono uscita dall'incantesimo. Se mi vuoi sarò tua sposa.

E il Re: — Perbacco, se ti voglio!

Fu fatta la festa con gran gioia dei due palazzi vicini. Mancava solo la matrigna che scappò e nessuno ne seppe piú niente.

> E lí se ne stiedero, e se ne godiedero,[15]
> E a me nulla mi diedero.
> No, mi diedero un centesimino
> E lo misi in un buchino.

(*Firenze*).

3 La scienza della fiacca

C'era una volta un vecchio Turco, che aveva un solo figliolo e gli voleva piú bene che alla luce degli occhi.[1] Si sa che per i Turchi, il piú gran castigo che Dio abbia messo al mondo è il lavoro; perciò quando suo figlio compí i quattordici anni, pensò di metterlo a scuola, perché imparasse il miglior sistema per battere la fiacca.[2]

Nella stessa contrada del vecchio Turco, stava di casa[3] un professore, da tutti conosciuto e rispettato perché in vita sua non aveva fatto che quello che non poteva farne a meno.[4] Il vecchio Turco andò a fargli visita, e lo trovò in giardino, sdraiato all'ombra d'un albero di fico, con un cuscino sotto la testa, uno sotto la schiena, e uno sotto il sedere. Il vecchio Turco si disse: 'Prima di parlargli voglio un po' vedere come si comporta', e si nascose dietro una siepe a spiarlo.

Il professore se ne stava fermo come un morto, a occhi chiusi,[5] e solo quando sentiva: 'Ciacc!', un fico maturo che cascava lí a portata di mano,[6] allungava il braccio piano piano,[7] lo portava alla bocca e lo ingollava. Poi, di nuovo fermo come un ciocco, ad aspettare che ne caschi un altro.

'Questo qui è proprio il professore che ci vuole[8] per mio figlio', si disse il Turco e, uscito dal nascondiglio, lo salutò e gli domandò se era disposto a insegnare a suo figlio la scienza della fiacca.

— Omo,[9] — gli disse il professore con un fil di voce,[10] — non stare a parlar tanto, che io mi stanco ad ascoltarti.[11] Se vuoi educare tuo figlio e farlo diventare un vero Turco, mandalo qua, e basta.

Il vecchio Turco tornò a casa, prese per mano il figlio, gli ficcò sottobraccio[12] un cuscino di piume e lo portò in quel giardino.

— Ti raccomando, — gli disse, — devi fare tutto quel che vedi fare al professore di dolce-far-niente.

Il ragazzo, che per quella scienza aveva già inclinazione, si sdraiò anche lui sotto il fico, e vide che il professore ogni volta che cascava un fico allungava un braccio per raccoglierlo e mangiarlo. 'Perché quella fatica dell'allungare il braccio?', si disse, e se ne stette sdraiato a bocca aperta. Un fico gli cascò in bocca[12] e lui, lentamente, lo mandò giú, e poi riaprí la bocca. Un altro fico cascò un po' piú in là,[13] lui non si mosse, ma disse, pian pianino: — Perché cosí lontano? Fico, cascami in bocca!

Il professore, vedendo quanto la sapeva lunga lo scolaro,[14] disse: — Torna a casa, ché non hai niente da imparare, anzi, ho io da imparare qualcosa de te.

E il figlio tornò dal padre, che ringraziò il cielo d'avergli dato un figlio cosí d'ingegno.

(*Trieste*).

4 Il bambino nel sacco

Pierino Pierone era un bambino alto cosí,[1] che andava a scuola. Per la strada di scuola c'era un orto con un pero, e Pierino Pierone ci s'arrampicava a mangiar le pere. Sotto il pero passò la Strega Bistrega e disse:

> Pierino Pierone dammi una pera
> Con la tua bianca manina,
> Ché a vederle, son sincera,
> Sento in bocca l'acquolina![2]

Pierino Pierone pensò: 'Questa[3] si sente l'acquolina in bocca perché vuole mangiare me, non le pere', e non voleva scendere dall'albero. Colse una pera e la buttò alla Strega Bistrega. Ma la pera cascò per terra, proprio dov'era passata una mucca e aveva lasciato un suo ricordo.

La Strega Bistrega ripeté:

> Pierino Pierone dammi una pera
> Con la tua bianca manina,
> Ché a vederle, son sincera,
> Sento in bocca l'acquolina!

Ma Pierino Pierone non scese e buttò un'altra pera, e la pera cadde per terra, proprio dov'era passato un cavallo e aveva lasciato un laghetto.

La Strega Bistrega ripeté la sua preghiera e Pierino Pierone pensò che era meglio accontentarla. Scese e le porse una pera. La Strega Bistrega aperse il sacco ma invece di metterci la pera ci mise Pierino Pierone, legò il sacco e se lo mise in spalla.

Fatto un pezzo di strada, la Strega Bistrega dovette fermarsi a fare un bisognino: posò il sacco e si nascose in un cespuglio. Pierino Pierone che intanto, coi suoi dentini da topo, aveva rosicchiato la corda che legava il sacco, saltò

fuori, ficcò nel sacco una bella pietra e scappò. La Strega
Bistrega riprese il sacco e se lo mise sulle spalle.

> Ahimé Pierino Pierone
> Pesi come un pietrone!

disse, e andò a casa. L'uscio era chiuso e la Strega Bistrega
chiamò sua figlia:

> Margherita Margheritone,
> Vieni giú e apri il portone
> E prepara il calderone
> Per bollire Pierino Pierone.

Margherita Margheritone aprí e poi mise sul fuoco un
calderone pieno d'acqua. Appena l'acqua bollí, la Strega
Bistrega ci vuotò dentro il sacco. — Plaff! — fece la pietra,
e sfondò il calderone; l'acqua andò sul fuoco e tutt'intorno e
bruciò le gambe alla Strega Bistrega.

> Mamma mia cosa vuol dire:
> Porti i sassi da bollire?

disse Margherita Margheritone. E la Strega Bistrega saltando
per il bruciore:

> Figlia mia, riaccendi il fuoco,
> Io ritorno qui tra poco.

Cambiò vestito, si mise una parrucca bionda, e andò via col
sacco.

Pierino Pierone invece d'andare a scuola era tornato sul
pero. Ripassò la Strega Bistrega travestita, sperando di non
esser riconosciuta, e gli disse:

> Pierino Pierone dammi una pera
> Con la tua bianca manina,
> Ché a vederle, son sincera,
> Sento in bocca l'acquolina!

Ma Pierino Pierone l'aveva riconosciuta lo stesso[4] e si
guardava bene dallo scendere:

> Non do pere alla Strega Bistrega
> Se no mi prende e nel sacco mi lega.

E la Strega Bistrega lo rassicurò:

> Non sono chi credi, son sincera,
> Arrivata son qui stamattina,
> Pierino Pierone dammi una pera
> Con la tua bianca manina.

E tanto disse tanto fece che Pierino Pierone si persuase e scese a darle una pera. La Strega Bistrega lo ficcò subito nel sacco.

Arrivati a quel cespuglio, dovette di nuovo fermarsi per un bisognino, ma stavolta il sacco era legato così forte che Pierino Pierone non poteva scappare. Allora il ragazzo si mise a fare il verso della quaglia.[5] Passò un cacciatore con un cane cercando quaglie, trovò il sacco e l'aperse. Pierino Pierone saltò fuori e supplicò il cacciatore di mettere il cane al suo posto nel sacco. Quando la Strega Bistrega tornò e riprese il sacco, il cane lí dentro non faceva che dimenarsi e guaire, e la Strega Bistrega diceva:

> Pierino Pierone non ti rimane
> Che saltare e guaire come un cane.

Arrivò alla porta e chiamò la figlia:

> Margherita Margheritone,
> Vieni giú e apri il portone
> E prepara il calderone
> Per bollire Pierino Pierone.

Ma quando fece per rovesciare il sacco nell'acqua bollente, il cane furioso sgusciò fuori, le morse un polpaccio, saltò in cortile e cominciò a sbranar galline.

> Mamma mia, che casi strani,
> Tu per cena mangi i cani?

disse Margherita Margheritone. E la Strega Bistrega:

> Figlia mia, riaccendi il fuoco,
> Io ritorno qui tra poco.

Cambiò vestito, si mise una parrucca rossa e tornò al pero; e tanto disse tanto fece che Pierino Pierone si lasciò acchiappare un'altra volta. Questa volta non si fermò in nessun posto

14   Fiabe italiane

e portò il sacco fino a casa, dove sua figlia l'aspettava sull'uscio.

— Prendilo e chiudilo nella stia, — le disse, — e domani di buonora, mentre io sono via, fallo in spezzatino con patate.

Margherita Margheritone, l'indomani mattina, prese un tagliere e una mezzaluna e aperse uno spiraglio nella stia.

　　Pierino Pierone fammi un piacere,[6]
　　Metti la testa su questo tagliere.

E lui:

　　Come? Fammi un po' vedere.[7]

Margherita Margheritone posò il collo sul tagliere e Pierino Pierone prese la mezzaluna, le tagliò la testa e la mise a friggere in padella.

Venne la Strega Bistrega ed esclamò:

　　Margheritone figlia mia bella,
　　Chi t'ha messa lí in padella?

— Io! — fece Pierino Pierone su dalla cappa del camino.
— Come hai fatto a salire lassú? — chiese la Strega Bistrega.
— Ho messo una pignatta sopra l'altra e sono salito.

Allora la Strega Bistrega provò a farsi una scala di pignatte per salire ad acchiapparlo, ma sul piú bello[8] sfondò le pignatte, cadde nel fuoco e bruciò fino all'ultimo briciolo.

(*Friuli*).

5   La penna di hu

Un Re divenne cieco. I dottori non sapevano farlo guarire. Finalmente, uno disse che l'unico rimedio per ridare la vista agli occhi ciechi era una penna di hu.[1]

Il Re aveva tre figli; li chiamò e disse: — Figli miei, mi volete bene?

— Come alla nostra stessa vita, padre, — dissero i figli.

— Allora dovete procurarmi una penna di hu perché io riabbia la vista.[2] Chi di voi me la porterà, avrà il mio Regno.

La penna di hu 15

I figli partirono. Due erano piú grandi, uno piccino. Il piccino non volevano neppure farlo venire[3] ma lui tanto disse e tanto fece che dovettero prenderlo con loro. Passarono in un bosco e venne notte. S'arrampicarono tutti e tre su un albero e s'addormentarono tra i rami. Il piú piccolo fu il primo a svegliarsi. Era l'alba, e sentí il canto dello hu in mezzo al bosco. Allora scese dall'albero e seguí il canto. Trovò una fonte d'acqua limpida, e si chinò per bere. Alzandosi, vide una penna cadere dal cielo. Levò lo sguardo e in cielo l'uccello hu che volava.

Quando i fratelli videro che il piú piccino aveva preso la penna di hu si riempirono d'invidia, perché sarebbe stato lui a ereditare il Regno. Allora, senza starci a pensare su, uno dei fratelli l'afferrò, l'altro l'uccise e insieme lo sotterrarono e si presero la penna.

Tornati dal loro padre, gli diedero la penna di hu. Il Re se la passò sugli occhi e gli tornò la vista. Appena gli tornò la vista, disse: — E il piú piccino?

— Oh, papà, sapeste! Dormivamo nel bosco, e passò un animale. Deve esserselo preso,[4] perché non l'abbiamo piú visto.

Intanto, nel punto dove il piú piccino era stato seppellito, dalla terra venne su una bella canna. Passò di là un pecoraio, vide la canna e si disse: 'Guarda che bella canna! Voglio tagliarla per farmene uno zufolo'. Cosí fece, e quando cominciò a soffiare nella canna, la canna cantava:

O pecoraio che in man mi tenete,
Sonate piano che il cor m'affliggete.
M'hanno ammazzato per la penna di hu,
Traditore il fratello mio fu.

Il pecoraio, sentendo questo canto, si disse: 'Ora che ho questo zufolo, posso lasciar perdere le pecore! Vado a girare il mondo e mi guadagno da vivere suonando!'[5] Cosí, lasciò il suo gregge, e andò alla città di Napoli. Suonava lo zufolo e il Re s'affacciò alla finestra e si mise a sentire. Disse: — Oh, che bella musica! Fate salire quel pecoraio!

Il pecoraio salí a suonare nelle stanze del Re. Il Re disse: — Fammi suonare un po' a me.[6]

Il pecoraio gli diede lo zufolo, il Re si mise a suonare, e lo zufolo faceva:

> O padre mio che in man mi tenete,
> Sonate piano che il cor m'affliggete.
> M'hanno ammazzato per la penna di hu,
> Traditore il fratello mio fu.

— Oh, — disse il Re alla Regina, — senti cosa dice questo zufolo. Tieni, suonalo un po' tu —. La Regina prese a suonare lo zufolo e lo zufolo diceva:

> O madre mia che in man mi tenete...

e cosí via. La Regina restò anche lei stupefatta e pregò il figlio mezzano di suonare anche lui. Il figlio cominciò a stringersi nelle spalle, a dire che erano tutte sciocchezze, ma alla fine dovette obbedire, e appena soffiò nello zufolo questo cantò:

> O fratel mio che afferrato mi avete...

e non andò piú avanti perché il fratello mezzano aveva preso a tremare come una foglia, e aveva passato lo zufolo al fratello maggiore, dicendo: — Suona tu! Suona tu!

Ma il fratello maggiore non voleva suonare, diceva: — Siete diventati tutti matti con questo zufolo!

— Ti ordino di suonare! — gridò il Re.

Allora il maggiore, pallido come un morto, cominciò a suonare:

> O fratel mio che ammazzato m'avete
> Sonate piano che il cor m'affliggete.
> M'avete ucciso per la penna di hu
> Il traditore mio fosti tu.

Il padre, a sentir queste parole, cadde in terra dal dolore, e gridò: — Oh, figli sciagurati, per prendere la penna di hu avete ammazzato il mio bambino!

I due fratelli furono bruciati sulla piazza. Il pecoraio fu nominato capitano delle guardie. E il Re finí i suoi giorni chiuso nel palazzo, suonando tristemente nello zufolo.

(*Provincia di Caltanissetta*).

6 L'acqua nel cestello

C'era una madre vedova che sposò un padre vedovo, e ognuno dei due aveva una figlia. La madre voleva bene alla sua e all'altra no. La sua la mandava[1] a prender l'acqua con la brocca, quell'altra col cestello. Ma l'acqua dal cestello colava fuori e la matrigna picchiava tutti i giorni quella povera ragazza.

Un giorno, mentre andava a prender l'acqua, il cestello le andò giú per il torrente. Lei si mise a correre e chiedeva a tutti: — L'avete visto passare il mio cestello? — e tutti le rispondevano: — Va' piú giú che lo trovi.

Andando giú, trovò una vecchia che si spulciava, seduta su una pietra in mezzo al torrente, e le disse: — L'avete visto il mio cestello?

— Vieni qua, — le disse la vecchia, — che il tuo cestello te l'ho trovato io. Intanto, fammi un favore, cercami un po' che cosa ho giú per queste spalle che mi pizzica. Cos'ho?

La ragazza ammazzava bestioline a piú non posso,[2] ma per non mortificare la vecchia diceva: — Perle e diamanti.

— E perle e diamanti avrai, — rispose la vecchia. E dopo che fu ben spulciata: — Vieni con me, — le disse, e la portò alla sua casa che era un mucchio di spazzatura. — Fammi un piacere, brava ragazza: rifammi il letto. Che cosa ci trovi nel mio letto? — Era un letto che camminava da solo, tante bestie c'erano, ma la ragazza per non esser scortese rispose: — Rose e gelsomini.

— E rose e gelsomini avrai. Fammi un altro piacere adesso, spazzami la casa. Che ci trovi da spazzare?

La ragazza disse: — Rubini e cherubini.

— E rubini e cherubini avrai —. Poi aperse un armadio con ogni sorta di vestiti e le disse: — Vuoi un vestito di seta o un vestito di percalle?

E la ragazza: — Io sono povera, sa, mi dia un vestito di percalle.

— E io te lo darò di seta —. E le diede una bellissima veste di seta. Poi aperse uno scrignetto e le disse: — Vuoi oro o vuoi corallo? — E la ragazza: — Mi dia corallo.

— E io ti do oro, — e le infilò una collana d'oro. — Vuoi orecchini di cristallo o orecchini di diamanti?

— Di cristallo.

— E io te li do di diamanti, — e le appese i diamanti alle orecchie. Poi le disse: — Che tu sia bella,³ che i tuoi capelli siano d'oro e quando ti pettini ti cadano rose e gelsomini da una parte e perle e rubini dall'altra. Adesso va' a casa, e quando senti ragliare l'asino non ti voltare ma quando senti cantare il gallo voltati.

La ragazza andò verso casa; ragliò l'asino e non si voltò; cantò il gallo e si voltò; e le spuntò una stella sulla fronte.

La matrigna le disse: — E chi ti ha dato tutta questa roba?

— Mamma mia, me l'ha data una vecchia che aveva trovato il mio cestello, perché io le ho ammazzato le pulci.

— Adesso sí che ti voglio bene, — disse la matrigna. — D'ora in avanti⁴ andrai tu per acqua con la brocca e tua sorella andrà col cestello —. E a sua figlia, piano: — Va' a prender acqua col cestello, lascialo andare giú per il torrente, e vagli dietro: potessi trovare⁵ anche tu quello che ha trovato tua sorella!

La sorellastra andò, buttò il cestello in acqua e poi lo rincorse. In giú trovò quella vecchia. — Avete visto passare il mio cestello?

— Vieni qua che l'ho io. Cercami cos'ho giú per le spalle che mi pizzica —. La ragazza cominciò ad ammazzare bestioline. — Cos'ho?

E lei: — Pulci e scabbia.

— E pulci e scabbia avrai.

La portò a rifare il letto. — Che cosa ci trovi?

— Cimici e pidocchi.

— E cimici e pidocchi avrai.

Le fece spazzare la casa: — Cosa ci trovi?

— Un sudiciume che fa schifo!

— E un sudiciume che fa schifo avrai.

Poi le chiese se voleva vestito di sacco o vestito di seta.

— Vestito di seta!

— E io te lo do si sacco.

— Collana di perle o collana di spago?

— Perle!

— E io ti do spago.

— Orecchini d'oro od orecchini di patacca?

— D'oro!

— E io ti do patacca. Adesso vattene a casa e quando raglia l'asino voltati e quando canta il gallo non ti voltare.

Andò a casa, si voltò al raglio dell'asino e le spuntò una coda di somaro sulla fronte. La coda era inutile tagliarla, perché rispuntava. E la ragazza piangeva e cantava:

> Mamma mia, dindò, dindò,
> Piú ne taglio e piú ce n'ho.

Alla ragazza colla stella in fronte la domandò in sposa il figlio del Re. Il giorno che doveva venirla a prendere con la carrozza, la matrigna le disse: — Visto che[6] sposi il figlio del Re, prima di partire fammi questo piacere: lavami la botte. Entraci dentro che ora vengo ad aiutarti.

Mentre la ragazza era nella botte, la matrigna prese una caldaia d'acqua bollente per buttarcela dentro e ammazzarla. Poi voleva far indossare alla figlia brutta i vestiti da sposa e presentarla al figlio del Re tutta velata, in modo che prendesse lei. Mentre andava a prendere la caldaia sul fuoco, sua figlia passò vicino alla botte. — Che fai là dentro? — disse alla sorella.

— Sto qui perché devo sposare il figlio del Re.

— Fammi venire a me, cosí lo sposo io.

Sempre condiscendente, la bella uscí dalla botte e ci entrò la brutta. Venne la madre con l'acqua bollente e la versò nella botte. Credeva d'aver ammazzato la figliastra, ma quando s'accorse che era la figlia sua, cominciò a piangere e a strepitare. Arrivò suo marito, che la figlia gli aveva già raccontato tutto, e le scaricò una soma di legnate.

La figlia bella sposò il figlio del Re e campò felice e contenta.

> Larga la foglia, stretta la via,
> Dite la vostra che ho detto la mia.

(*Marche*).

7 L'amore delle tre melagrane

(*Bianca-come-il-latte-rossa-come-il-sangue*)

Un figlio di Re mangiava a tavola. Tagliando la ricotta, si ferí un dito e una goccia di sangue andò sulla ricotta. Disse a sua madre: — Mammà, vorrei una donna bianca come il latte e rossa come il sangue.

— Eh, figlio mio, chi è bianca non è rossa, e chi è rossa non è bianca. Ma cerca pure se la trovi.

Il figlio si mise in cammino. Cammina cammina, incontrò una donna: — Giovanotto, dove vai?

— E sí, lo dirò proprio a te che sei donna![1]

Cammina cammina, incontrò un vecchierello. — Giovanotto, dove vai?

— A te sí che lo dirò, zi' vecchio, che ne saprai certo piú di me. Cerco una donna bianca come il latte e rossa come il sangue.

E il vecchierello: — Figlio mio, chi è bianca non è rossa e chi è rossa non è bianca. Però, tieni queste tre melagrane. Aprile e vedi cosa ne vien fuori. Ma fàllo solo vicino alla fontana.

Il giovane aperse una melagrana e saltò fuori una bellissima ragazza bianca come il latte e rossa come il sangue, che subito gridò:

> Giovanottino dalle labbra d'oro
> Dammi da bere, se no io mi moro.

Il figlio del Re prese l'acqua nel cavo della mano e gliela porse, ma non fece in tempo. La bella morí.

Aperse un'altra melagrana e saltò fuori un'altra bella ragazza dicendo:

> Giovanottino dalle labbra d'oro
> Dammi da bere, se no io mi moro.

Le portò l'acqua ma era già morta.

Aperse la terza melagrana e saltò fuori una ragazza piú bella ancora delle altre due. Il giovane le gettò l'acqua in viso, e lei visse.

Era ignuda come l'aveva fatta sua madre e il giovane le mise addosso il suo cappotto e le disse: — Arrampicati su questo albero, che io vado a prendere delle vesti per coprirti e la carrozza per portarti a Palazzo.

La ragazza restò sull'albero, vicino alla fontana. A quella fontana, ogni giorno, andava a prender l'acqua la Brutta Saracina. Prendendo l'acqua con la conca, vide riflesso nell'acqua il viso della ragazza sull'albero.

> E dovrò io, che sono tanto bella,
> Andar per acqua con la concherella?

E senza starci a pensar su,[2] gettò la conca per terra e la mandò in cocci. Tornò a casa, e la padrona: — Brutta Saracina! Come ti permetti di tornare a casa senz'acqua e senza brocca! — Lei prese un'altra brocca e tornò alla fontana. Alla fontana rivide quell'immagine nell'acqua. 'Ah! sono proprio bella!', si disse.

> E dovrò io, che sono tanto bella,
> Andar per acqua con la concherella?

E ributtò per terra la brocca. La padrona tornò a sgridarla,[3] lei tornò alla fontana, ruppe ancora un'altra brocca, e la ragazza sull'albero che fin allora era stata a guardare, non poté piú trattenere una risata.
 La Brutta Saracina alzò gli occhi e la vide — Ah, voi siete? E m'avete fatto rompere tre brocche? Però siete bella davvero! Aspettate, che vi voglio pettinare.
 La ragazza non voleva scendere dall'albero, ma la Brutta Saracina insistette: — Lasciatevi pettinare che sarete ancor piú bella.
 La fece scendere, le sciolse i capelli, vide che aveva in capo uno spillone. Prese lo spillone e glielo ficcò in un'orecchia. Alla ragazza cadde una goccia di sangue,[4] e poi morí. Ma la goccia di sangue, appena toccata terra, si trasformò in una palombella, e la palombella volò via.
 La Brutta Saracina s'andò ad appollaiare sull'albero. Tornò il figlio del Re con la carrozza, e come la vide,[5] disse: — Eri bianca come il latte e rossa come il sangue; come mai sei diventata cosí nera?
 E la Brutta Saracina rispose:

> È venuto fuori il sole,
> M'ha cambiata di colore.

E il figlio del Re: — Ma come mai hai cambiato voce?
E lei:

> È venuto fuori il vento,
> M'ha cambiato parlamento.

E il figlio del Re: — Ma eri cosí bella e ora sei cosí brutta!
E lei:

È venuta anche la brezza,
M'ha cambiato la bellezza.

Basta, lui la prese in carrozza e la portò a casa.
Da quando la Brutta Saracina s'installò a Palazzo, come sposa del figlio del Re, la palombella tutte le mattine si posava sulla finestra della cucina e chiedeva al cuoco:

O cuoco, cuoco della mala cucina,
Che fa il Re con la Brutta Saracina?

— Mangia, beve e dorme, — diceva il cuoco.
E la palombella:

Zuppettella a me,
Penne d'oro a te.

Il cuoco le diede un piatto di zuppetta e la palombella si diede una scrollatina e le cadevano penne d'oro. Poi volava via.
La mattina dopo tornava:

O cuoco, cuoco della mala cucina,
Che fa il Re con la Brutta Saracina?

— Mangia, beve e dorme, — rispondeva il cuoco.

Zuppettella a me,
Penne d'oro a te.

Lei si mangiava la zuppettella e il cuoco si prendeva le penne d'oro.
Dopo un po' di tempo, il cuoco pensò di andare dal figlio del Re a dirgli tutto. Il figlio del Re stette a sentire e disse: — Domani che tornerà la palombella, acchiappala e portamela, che la voglio tenere con me.
La Brutta Saracina, che di nascosto aveva sentito tutto, pensò che quella palombella non prometteva nulla di buono; e quando l'indomani tornò a posarsi sulla finestra della cucina, la Brutta Saracina fece piú svelta del cuoco, la trafisse con uno spiedo e l'ammazzò.

La palombella morí. Ma una goccia di sangue cadde nel giardino, e in quel punto nacque subito un albero di melograno.

Quest'albero aveva la virtú che chi stava per morire,[6] mangiava una delle sue melagrane e guariva. E c'era sempre una gran fila di gente che andava a chiedere alla Brutta Saracina la carità di una melagrana.

Alla fine sull'albero ci rimase una sola melagrana, la piú grossa di tutte, e la Brutta Saracina disse: — Questa me la voglio tenere per me.

Venne una vecchia e le chiese: — Mi date quella melagrana? Ho mio marito che sta per morire.

— Me ne resta solo una, e la voglio tenere per bellezza, — disse la Brutta Saracina, ma intervenne il figlio del Re a dire: — 'Poverina, suo marito muore, gliela dovete dare.'

E cosí la vecchia tornò a casa con la melagrana. Tornò a casa e trovò che suo marito era già morto. 'Vuol dire che la melagrana la terrò per bellezza', si disse.

Tutte le mattine, la vecchia andava alla Messa. E mentre era alla Messa, dalla melagrana usciva la ragazza. Accendeva il fuoco, scopava la casa, faceva da cucina[7] e preparava la tavola; e poi tornava dentro la melagrana. E la vecchia rincasando trovava tutto preparato e non capiva.

Una mattina andò a confessarsi e raccontò tutto al confessore. Lui le disse: — Sapete cosa dovete fare? Domani fate finta d'andare alla Messa e invece nascondetevi in casa. Cosí vedrete chi è che vi fa da cucina.

La vecchia, la mattina dopo, fece finta di chiudere la casa, e invece si nascose dietro la porta. La ragazza uscí dalla melagrana, e cominciò a far le pulizie e da cucina. La vecchia rincasò e la ragazza non fece a tempo a rientrare nella melagrana.

— Da dove vieni? — le chiese la vecchia.

E lei: — Sii benedetta, nonnina, non m'ammazzare, non m'ammazzare.

— Non t'ammazzo, ma voglio sapere da dove vieni.

— Io sto dentro alla melagrana... — e la raccontò la sua storia.

La vecchia la vestí da contadina come era vestita anche lei (perché la ragazza era sempre nuda come mamma l'aveva fatta) e la domenica la portò con sé a Messa. Anche il figlio

del Re era a Messa e la vide. 'O Gesú! Quella mi pare la
giovane che trovai alla fontana!', e il figlio del Re appostò
la vecchia per strada.
— Dimmi da dove è venuta quella giovane!
— Non m'uccidere! — piagnucolò la vecchia.
— Non aver paura. Voglio solo sapere da dove viene.
— Viene dalla melagrana che voi mi deste.
— Anche lei in una melagrana! — esclamò il figlio del Re,
e chiese alla giovane: — Come mai eravate dentro una melagrana? — e lei gli raccontò tutto.

Lui tornò a Palazzo insieme alla ragazza, e le fece
raccontare di nuovo tutto davanti alla Brutta Saracina. — Hai
sentito? — disse il figlio del Re alla Brutta Saracina, quando
la ragazza ebbe finito il suo racconto. — Non voglio essere
io a condannarti[8] a morte. Condannati da te stessa.

E la Brutta Saracina, visto che non c'era piú scampo, disse:
— Fammi fare una camicia di pece e bruciami in mezzo alla
piazza.

Cosí fu fatto. E il figlio del Re sposò la giovane.

(*Abruzzo*).

8 Giuseppe Ciufolo che se non zappava suonava lo zufolo

C'era un giovane che si chiamava Giuseppe Ciufolo, che
quando non zappava suonava lo zufolo. Zufolava e ballava per
i campi per riposarsi della fatica della zappa, quando a un
tratto, su un ciglio, vide un morto lungo disteso, sotto una
nuvola di mosche. Si tolse lo zufolo dalle labbra, s'avvicinò
al cadavere, cacciò le mosche, e lo coprí di frasche verdi.
Tornò al posto dove aveva lasciato la zappa, e vide che la
zappa s'era messa a zappare da sé e gli aveva rivoltato la
terra di mezzo campo. Giuseppe Ciufolo da quel giorno fu
lo zappatore piú felice del mondo: zappava finché non era
stanco, poi tirava fuor di tasca lo zufolo, e la zappa si metteva a zappare da sé.

Ma Giuseppe Ciufolo lavorava per un patrigno, e questo
patrigno non gli voleva bene e voleva mandarlo via di casa.
Prima diceva sempre che zappava bene ma troppo poco, ora

si mise a dirgli che zappava molto ma zappava male. Allora Giuseppe Ciufolo prese il suo zufolo e se ne andò.

Girò tutti i padroni, ma nessuno gli dava da lavorare. Finí per trovare un vecchio mendicante, e chiese lavoro anche a lui, per carità, se no moriva di fame. — Vieni con me, — gli disse il mendicante, — ci divideremo le elemosine.

Cosí Giuseppe Ciufolo prese ad andare col mendicante,[1] e cantavano:

> Gesú Maria, Gesú Maria!
> Una pagnotta per la via.

Ma tutti facevano l'elemosina al vecchio,[2] e a Giuseppe Ciufolo dicevano: — Cosí giovane vai chiedendo elemosina? Perché non vai a lavorare?

— Da lavorare non ne trovo,[3] — rispondeva Giuseppe Ciufolo.

— Lo dici tu. C'è il Re che ha tante terre incolte, e paga bene chi le lavora.

Giuseppe Ciufolo andò alle terre del Re, e portò con sé il vecchio che aveva sempre diviso con lui le sue elemosine. Le terre del Re non erano mai state dissodate da nessuno;

Giuseppe Ciufolo le zappò, le seminò a grano, mondò il grano dalle cattive erbe, a poi lo mieté. E quand'era stanco di mietere suonava lo zufolo, e quand'era stanco di suonare, cantava:

> Allegra falce, allegra falciglia
> Perché il padrone mi vuol dar sua figlia.

La Reginella, sentendo cantare, s'affacciò alla finestra: vide Giuseppe Ciufolo e se ne innamorò. Ma lei era Reginella e lui zappatore; era impossibile che il Re acconsentisse alle nozze. Perciò decisero di fuggire insieme.

Fuggirono in barca, di notte. Erano già al largo, quando Giuseppe Ciufolo si ricordò del mendicante. Disse all'innamorata: — Bisogna aspettare il vecchio: divideva con me le sue elemosine. Non posso lasciarlo cosí —. E in quel momento, videro il vecchio che veniva loro dietro.[4] Camminava sulle acque del mare come si cammina per terra, e quando ebbe raggiunto la barca, disse: — Eravamo intesi di dividerci tutto quello che avremmo avuto, e io la roba mia l'ho sempre spartita con te. Ora tu hai la figlia del Re: devi farne a metà[5] con me, — e diede a Giuseppe Ciufolo un coltello perché tagliasse in due la sposa.

Giuseppe Ciufolo prese il coltello con mano tremante: — Hai ragione, — disse, — hai ragione, — e stava già per tagliare in due la sposa quando il vecchio gli fermò la mano.

— Ferma: t'ho conosciuto per un uomo giusto. Sappi che io sono quel morto che tu hai ricoperto di frasche verdi. Andate, e vivete sempre felici e contenti.

Il vecchio se ne andò camminando sul mare. La barca giunse a un'isola piena d'ogni ricchezza con un palazzo principesco che attendeva gli sposi.

(*Abruzzo*).

9 La finta nonna

Una mamma doveva setacciare la farina. Mandò la sua bambina dalla nonna, perché le prestasse il setaccio. La bam-

La finta nonna 27

bina preparò il panierino con la merenda: ciambelle e pan coll'olio;[1] e si mise in strada.[2]

Arrivò al fiume Giordano.
— Fiume Giordano, mi fai passare?
— Sí, se mi dài le tue ciambelle.

Il fiume Giordano era ghiotto di ciambelle che si divertiva a far girare[3] nei suoi mulinelli.

La bambina buttò le ciambelle nel fiume, e il fiume abbassò la acque e la fece passare.

La bambina arrivò alla Porta Rastrello.
— Porta Rastrello, mi fai passare?
— Sí, se mi dài il tuo pan coll'olio.

La Porta Rastrello era ghiotta di pan coll'olio perché aveva i cardini arrugginiti e il pan coll'olio glieli ungeva.

La bambina diede il pan coll'olio alla porta e la porta si aperse e la lasciò passare.

Arrivò alla casa della nonna, ma l'uscio era chiuso.
— Nonna, nonna, vienimi ad aprire.
— Sono a letto malata. Entra dalla finestra.
— Non ci arrivo.[4]
— Entra dalla gattaiola.
— Non ci passo.[5]
— Allora aspetta —. Calò una fune e la tirò su dalla finestra. La stanza era buia. A letto c'era l'Orca, non la nonna, perché la nonna se l'era mangiata l'Orca,[6] tutta intera dalla testa ai piedi, tranne i denti che li aveva messi a cuocere in un pentolino, e le orecchie che le aveva messe a friggere in una padella.

— Nonna, la mamma vuole il setaccio.
— Ora è tardi. Te lo darò domani. Vieni a letto.
— Nonna, ho fame, prima voglio cena.
— Mangia i fagioletti che cuociono nel pentolino.

Nel pentolino c'erano i denti. La bambina rimestò col cucchiaio e disse: — Nonna, sono troppo duri.

— Allora mangia le frittelle che sono nella padella.

Nella padella c'erano le orecchie. La bambina le toccò con la forchetta e disse: — Nonna, non sono croccanti.

— Allora vieni a letto. Mangerai domani.

La bambina entrò in letto, vicino alla nonna. Le toccò una mano e disse:
— Perché hai le mani cosí pelose, nonna?

— Per i troppi anelli che portavo alle dita.
Le toccò il petto. — Perché hai il petto cosí peloso, nonna?
— Per le troppe collane che portavo al collo.
Le toccò i fianchi. — Perché hai i fianchi cosí pelosi, nonna?
— Perché portavo il busto troppo stretto.
Le toccò la coda e pensò che, pelosa o non pelosa, la nonna di coda non ne aveva mai avuta. Quella doveva essere l'Orca, non la nonna. Allora disse: — Nonna, non posso addormentarmi se prima non vado a fare un bisognino.

La nonna disse: — Va' a farlo nella stalla, ti calo io per la botola e poi ti tiro su.

La legò con la fune, e la calò nella stalla. La bambina appena fu giú si slegò, e alla fune legò una capra.

— Hai finito? — disse la nonna.
— Aspetta un momentino —. Finí di legare la capra. — Ecco, ho finito, tirami su.

L'Orca tira, tira, e la bambina si mette a gridare: — Orca pelosa! Orca pelosa! — Apre la stalla e scappa via. L'Orca tira e viene su la capra. Salta dal letto e corre dietro alla bambina.

Alla Porta Rastrello, l'Orca gridò da lontano: — Porta Rastrello, non farla passare!

Ma la Porta Rastrello disse: — Sí, che la faccio passare, perché m'ha dato il pan coll'olio.

Al fiume Giordano l'Orca gridò: — Fiume Giordano, non farla passare!

Ma il fiume Giordano disse: — Sí che la faccio passare, perché m'ha dato le ciambelle.

Quando l'Orca volle passare, il fiume Giordano non abbassò le sue acque e l'Orca fu trascinata via. Sulla riva la bambina le faceva gli sberleffi.

(*Abruzzo*).

10 Le ossa del moro

Un Re vedovo con un figlio si risposò e poi morí. Il figlio restò con la matrigna, che non se ne curava né poco né tanto,[1] perché voleva bene a un moro e non vedeva che per i suoi occhi.[2] Il figlio del Re, fedele alla memoria di suo padre, prese a odiare il moro. Andò a caccia con lui, l'uccise, e lo sotterrò in mezzo al bosco.

La Regina, non vedendo piú il moro, disperata, andò a cercarlo col cane. Quando il cane passò in quel punto del bosco, sentí l'odore del moro seppellito e si mise ad abbaiare e a scavare. Scavò scavò, e sotto la terra apparve il corpo del moro. La Regina finí di dissotterrare il cadavere, e gli tolse il cranio, le ossa delle gambe e le ossa delle braccia. Col cranio fece fare una tazza coperta d'oro e di pietre preziose, con le ossa delle gambe una sedia, e con le ossa delle braccia la cornice d'uno specchio.

Poi, per vendicarsi del figlio, gli disse: — Tu hai ucciso il moro e io ti condanno a morte. Ti darò la grazia solo se entro tre mesi mi spiegherai cosa vuol dire questo indovinello:

> Moro bevo, moro siedo,
> Alzo gli occhi e moro vedo.

Il giovane se n'andò per il mondo per trovare la risposta; domandava a tutti quelli che incontrava, ma nessuno sapeva sciogliere l'indovinello. Mancava un giorno allo scadere del termine[3] e il figlio del Re si fermò in un pagliaio. In quel pagliaio ci abitava una famiglia: padre, madre e una figliola. Chiese qualcosa da mangiare e il padre e la madre dissero: — Non abbiamo nulla, siamo cosí poveri che viviamo in un pagliaio.

— Abbiamo solo una gallina, — disse la figlia. — Tiriamole il collo e diamola da mangiare all'ospite.

Al padre e alla madre dispiaceva uccidere quell'unica loro gallina, ma la figlia disse: — Tiriamole il collo: questo è certo il figlio d'un Re!

Cucinò la gallina e la serví in tavola e invitò il figlio del Re a fare le parti.[4] Il figlio del Re diede le cosce al padre, il petto alla madre, le ali alla figlia e per sé prese la testa.

La notte fu messo a dormire nella paglia del pagliaio. Da una parte dormivano lui e il padre, dall'altra la madre e la figlia. Nella notte si svegliò, e sentí la figlia che diceva alla madre: — Hai visto come ha fatto le parti della gallina, quel figlio di Re? Ha dato le cosce a papà perché lui va avanti e indietro per portarci da mangiare. A voi ha dato il petto

perché voi siete la madre e m'avete portato al petto bambina.
Le ali le ha date a me, perché io sono bella come un angelo
del paradiso. E lui s'è mangiata la testa perché dev'essere
lui il capo dei suoi sudditi.

Sentendo ciò, il figlio del Re pensò: 'Questa sí che può
capire l'indovinello di mia madre'. E appena fu mattino,
glielo chiese.

— È semplice, — rispose la giovane: — *Moro bevo* è la
tazza in cui la Regina beve, *Moro siedo* è la sua sedia, *Alzo
gli occhi e moro vedo* è lo specchio.

Il giovane la lasciò una borsa di monete d'oro e le promise
che sarebbe tornato a prenderla e l'avrebbe sposata. Giunse
dalla matrigna e invece di dirle la risposta, disse: — Non ho
trovato la soluzione, sono pronto a morire.

La matrigna fece rizzare subito la forca.[5]

Tutto il popolo si radunò in piazza attorno al giovane che
aveva già il laccio al collo, e gridavano: — Grazia! Grazia!

— Per avere la grazia, — rispose la Regina, — deve
spiegare l'indovinello.

— Allora, per l'ultima volta, — disse il giudice al figlio
del Re, — puoi spiegare cosa vuol dire: *Moro bevo?*

Allora soltanto il giovane disse: — Sí, vuol dire che la Regina s'è fatta una tazza del cranio del moro.

Il giudice fece portare la tazza, e davvero, sotto l'oro e le
gemme, c'era il cranio del moro.

— E *Moro siedo,* cosa vuol dire? — chiese il giudice.

— Vuol dire che la sedia dove la Regina siede è fatta con
le ossa del moro.

Fu tolta la sedia alla Regina e si vide che poggiava sulle
ossa delle gambe del moro.

— E *Alzo gli occhi e moro vedo?*

— Vuol dire che lo specchio della Regina è circondato
dalle braccia del moro.

E il giudice andò a vedere anche la cornice dello specchio.

Il figlio del Re disse allora: — E tutto l'indovinello insieme
vuol dire che sulla forca deve morire la Regina, traditrice
della memoria di mio padre col moro vivo e col moro morto.

E il giudice decretò la condanna della Regina.

Il figlio del Re tornò al pagliaio e prese in sposa la saggia
ragazza.

(*Benevento*).

11 La sorella del Conte

Si conta e si racconta che c'era una volta un Conte ricco
quanto il mare,[1] e questo Conte aveva una sorella bella
quanto il sole e la luna, che aveva diciott'anni. Per gelosia
di questa sorella, egli la teneva sempre sotto chiave in un
quartiere del suo palazzo, tanto che[2] nessuno l'aveva mai
vista né conosciuta. La bella Contessina, che non ne poteva
piú di star lí rinchiusa,[3] di notte, adagio adagio,[4] si mise a
scavare nel muro della sua stanza, sotto un quadro. Muro a
muro[5] del palazzo del Conte c'era il palazzo del Reuzzo, e il
pertugio in quel muro dava negli appartamenti del Reuzzo,
sotto un altro quadro, cosicché non si vedeva.

Una notte, la Contessina spostò un poco il quadro e guardò
nella camera del Reuzzo. Vide un prezioso lampadario acceso
e gli disse:

> Lampada d'oro, lampada d'argento,
> Che fa il tuo Reuzzo, dorme o veglia?

E il lampadario rispose:

> Entrate, Signora,[6] entrate sicura.
> Il Reuzzo dorme, non abbiate paura.

Ella entrò e andò a coricarsi a fianco del Reuzzo. Il
Reuzzo si desta, l'abbraccia, la bacia, e le dice:

> Signora, donde siete, donde state?
> Di quale stato siete?[7]

E lei, facendo ridere la sua boccuccia d'oro, rispondeva:

> Reuzzo — che chiedete, che guardate?
> Tacetevi ed amate.

Quando il Reuzzo si risvegliò e non si vide piú quella
bella Dea vicina, si rivestí in un lampo e chiamò Consiglio.
— Consiglio! Consiglio! — Venne il Consiglio e il Reuzzo gli
raccontò lo stato delle cose. — Cosa devo fare per farla
restar con me?

— Sacra Corona, — disse il Consiglio, — quando voi l'ab-
bracciate, legatevi i suoi capelli a un braccio. Cosí quando
se ne vorrà andare vi dovete svegliare per forza.[8]

Venne la sera e la Contessina domandò:

> Lampada d'oro, lampada d'argento,
> Che fa il tuo Reuzzo, dorme o veglia?

E il lampadario:

> Entrate, Signora, entrate sicura.
> Il Reuzzo dorme, non abbiate paura.

Ella entra e s'infila sotto le coperte.

> — Signora, donde siete, donde state?
> Di quale stato siete?
> — Reuzzo, che chiedete, che guardate?
> Tacetevi ed amate.

Cosí s'addormentarono e il Reuzzo s'era legato al braccio i bei capelli della Contessina. La Contessina piglia una forbice, si taglia i capelli e se ne va. Il Reuzzo si sveglia. — Consiglio! Consiglio! La Dea m'ha lasciato i capelli ed è sparita!

Risponde il Consiglio: — Sacra Corona, attaccatevi al collo la sua collanina d'oro.

La notte dopo, s'affacciò ancora la Contessina:

> Lampada d'oro, lampada d'argento,
> Che fa il tuo Reuzzo, dorme o veglia?

E il lampadario rispose:

> Entrate, Signora, entrate sicura.
> Il Reuzzo dorme, non abbiate paura.

Il Reuzzo, quando l'ebbe tra le braccia[9] le chiese ancora:

> Signora, donde siete, donde state?
> Di quale stato siete?

E lei al solito rispose:

> Reuzzo, che chiedete, che guardate?
> Tacetevi ed amate.

Il Reuzzo si passò intorno al collo la collanina di lei; ma appena s'addormentò lei tagliò la collanina e sparí. Alla mattina: — Consiglio! Consiglio! — e riferí la cosa. E il Consiglio: — Sacra Corona, prendete un bacile d'acqua di zafferano[10] e mettetelo sotto il letto. Appena essa si leva la camicia, voi gettatela a bagno nello zafferano... Cosí, quando se la metterà per andar via, per dove passerà lascerà l'orma.

Alla notte che venne, il Reuzzo preparò il bacile con lo zafferano e si coricò. A mezzanotte ella disse al lampadario:

> Lampada d'oro, lampada d'argento,
> Che fa il tuo Reuzzo, dorme o veglia?

E il lampadario rispose:

> Entrate, Signora, entrate sicura.
> Il Reuzzo dorme, non abbiate paura.

Il Reuzzo, risvegliandosi, le fece la solita domanda:

> Signora, donde siete, donde state?
> Di quale stato siete?

E lei gli diede la solita risposta:

> Reuzzo, che chiedete, che guardate?
> Tacetevi ed amate.

Quando il Reuzzo sprofondò nel sonno, ella si levò quatta quatta, fece per andarsene ma trovò la camicia a mollo nello zafferano. Senza dir nulla, torce e spreme ben pulita la camicia, e scappa senza lasciare orme.

Da quella sera in poi,[11] il Reuzzo aspettò invano la sua Dea, e ne era disperato. Ma dopo nove mesi, una mattina, appena sveglio, si trovò coricato al fianco un bambino bello che pareva un angelo. Si vestí in un lampo, gridando: — Consiglio! Consiglio! — e mostrò al Consiglio il bambino dicendo: — Questo è mio figlio. Come farò ora a riconoscere sua madre?

E il Consiglio rispose: — Sacra Corona, fate finta che sia morto, mettetelo in mezzo alla chiesa, e date ordine che tutte le donne della città vengano a piangerlo. Chi lo piangerà piú di tutte, sarà sua madre.

Cosí il Reuzzo fece. Venivano ogni sorta di donne, dicevano: — Figlio, figlio! — e partivano com'erano venute. Venne alla fine la Contessina e con le lagrime che le scendevano giú si mise a strapparsi i capelli e a gridare:

O figlio! figlio!
Che per avere troppe bellezze
Mi son tagliata le mie brune trecce,
Che per essere troppo bella
Mi son tagliata la mia catenella,
Che per esser troppo vana
Ho la camicia di zafferana

Il Reuzzo e il Consiglio e tutti si misero a gridare: — Questa è la madre! Questa è la madre!
In quel momento si fece avanti[12] un uomo con la sciabola sfoderata. Era il Conte, che puntò la spada sulla sorella. Ma il Reuzzo si buttò in mezzo, e disse:

Fermati, Conte, vergogna non è,
Sorella di Conte e moglie di Re'

E si sposarono in quella stessa chiesa.

(*Entroterra palermitano*).

12 I tre orfani

Un uomo con tre figli morí di malattia. I tre figli diventarono tre orfani. Il grande un giorno disse: — Fratelli, parto. Vado a cercar fortuna —. Arrivò a una città e cominciò a gridare per le vie:

Chi mi vuole per garzone
Che lo voglio per padrone!

S'affacciò da un balcone un gran signore. — Se ci mettiamo d'accordo, ti prendo per garzone.
— Sí, datemi quel che voi volete.
— Ma io voglio ubbidienza.
— E io v'ubbidisco in tutto.
Alla mattina lo chiamò e gli disse: — Te', prendi questa lettera, monta su questo cavallo e parti. Ma non toccare mai le redini, perché se le tocchi il cavallo torna indietro. Non hai che da lasciarlo correre,[1] perché sa lui portarti dove devi consegnare questa lettera.

Montò a cavallo e partí. Galoppa e galoppa, arrivò sul ciglio d'un burrone. 'Casco!', pensò l'orfano, e tirò le redini. Il cavallo si voltò e tornò in un lampo al palazzo.

Il padrone, vedendolo tornare, disse: — Vedi? Non sei andato dove ti avevo mandato! Sei licenziato. Va' a quel mucchio di danari, prendine quanti ne vuoi e vattene.

L'orfano si riempí le tasche e se ne andò. Come uscí,[2] andò diritto all'Inferno.

Degli altri due orfani, vedendo che il fratello grande non tornava, il secondo decise di partire anche lui.[3] Fece la stessa strada, arrivò alla stessa città, e anche lui prese a gridare:

> Chi mi vuole per garzone
> Che lo voglio per padrone!

S'affacciò quel signore e lo chiamò. Si misero d'accordo, e la mattina gli diede le stesse istruzioni che al fratello e lo mandò con la lettera. Anche lui, appena arrivò sul ciglio del burrone, tirò le redini e il cavallo tornò indietro. — Ora, — disse il padrone, — prendi quanti danari vuoi e te ne vai! — Lui si riempí le tasche e partí. Partí e giú dritto all'Inferno.

Vedendo che né l'uno né l'altro fratello tornava, il fratello piccolo partí anche lui. Fece la stessa strada, arrivò alla stessa città, gridò chi mi vuole per garzone che lo voglio per padrone, s'affacciò quel signore, lo fece salire e gli disse: — Io ti do danari, da mangiare e quel che vuoi, ma a patto che[4] ubbidisci.

L'orfano accettò e la mattina il padrone gli diede la lettera con tutte le istruzioni. Arrivato[5] a quel ciglio di burrone, il ragazzo guardò giú per il dirupo sentendosi venire la pelle d'oca, ma pensò: 'Alla speranza di Dio',[6] chiuse gli occhi, e, quando li aprí, era già dall'altra parte.

Galoppa galoppa arrivò a un fiume largo come un mare. Lui pensò: 'M'annegherò, che ci posso fare!'[7] Del resto,[8] alla speranza di Dio!' In quella, l'acqua si spartí e lui traversò il fiume.

Galoppa galoppa e vide una fiumana d'acqua rossa di sangue. Pensò: 'Ecco che m'annego. Del resto, alla speranza di Dio!', e si buttò avanti. Davanti al cavallo, l'acqua si spartiva.

Galoppa galoppa vide un bosco, tanto fitto che non ci passava neanche un uccellino. 'Qui mi perdo, — pensò l'orfano. — Del resto se mi perdo io si perde anche il cavallo. Alla speranza di Dio!', e andò avanti.

Nel bosco incontrò un vecchio che tagliava un albero con un filo d'avena. — Ma che fai? — gli chiese. — Con un filo d'avena vuoi tagliare un albero?

E lui: — Di' ancora una parola e ti taglio anche la testa. L'orfano galoppò via.

Galoppa galoppa vide un arco di fuoco con due leoni uno da una parte uno dall'altra. 'Ora a passare lí in mezzo[9] mi brucio; ma se brucio io brucia anche il cavallo. Avanti, alla speranza di Dio!'

Galoppa galoppa vide una donna ginocchioni sopra una pietra, che pregava. Arrivato là il cavallo tutt'a un tratto si fermò. L'orfano capí che era a quella donna che doveva dare la lettera, e gliela diede. La donna aprí la lettera, lesse, poi prese un pugno di sabbia e lo gettò per aria. L'orfano rimontò a cavallo e prese la via del ritorno.

Quando tornò dal padrone, questi, che era il Signore,[10] gli disse: — Il burrone devi sapere che è la cascata dell'Inferno, l'acqua è le lagrime della Madre mia, il sangue è il sangue delle mie cinque piaghe, il bosco è le spine della mia corona, l'uomo che tagliava l'albero col filo d'avena à la Morte, l'arco di fuoco è l'Inferno, i due leoni sono i tuoi fratelli, e la Donna inginocchiata è la Mamma mia. Tu m'hai ubbidito: prendi dal mucchio d'oro quanti danari vuoi.

L'orfano non voleva nulla, ma finí per prendere[11] un solo marengo,[12] e cosí si licenziò dal Signore.

L'indomani, quando andò a far la spesa,[13] lo spendeva e il marengo era sempre nella sua tasca. Cosí visse felice e contento.

(*Calabria*).

13 Cola Pesce

Una volta a Messina c'era una madre che aveva un figlio a nome Cola, che se ne stava a bagno nel mare mattina e sera.

La madre a chiamarlo[1] dalla riva: — Cola! Cola! Vieni a terra, che fai? Non sei mica un pesce?[2]

E lui, a nuotare sempre piú lontano.[3] Alla povera madre veniva il torcibudella, a furia di gridare. Un giorno, la fece gridare tanto che la poveretta, quando non ne poté piú di gridare,[4] gli mandò una maledizione: — Cola! Che tu possa diventare un pesce![5]

Si vede che[6] quel giorno le porte del Cielo erano aperte, e la maledizione della madre andò a segno:[7] in un momento, Cola diventò mezzo uomo mezzo pesce, con le dita palmate come una anatra e la gola da rana. In terra Cola non ci tornò piú e la madre se ne disperò tanto che dopo poco tempo morí.

La voce che nel mare di Messina c'era uno mezzo uomo e mezzo pesce arrivò fino al Re; e il Re ordinò a tutti i marinai che chi vedeva Cola Pesce gli dicesse che il Re gli voleva parlare.

Un giorno, un marinaio, andando in barca al largo, se lo vide[8] passare vicino nuotando. — Cola! — gli disse. — C'è il Re di Messina che ti vuole parlare!

E Cola Pesce subito nuotò verso il palazzo del Re.

Il Re, al vederlo, gli fece buon viso. — Cola Pesce, — gli disse, — tu che sei cosí bravo nuotatore, dovresti fare un giro tutt'intorno alla Sicilia, e sapermi dire dov'è il mare piú fondo e cosa ci si vede!

Cola Pesce ubbidí e si mise a nuotare tutt'intorno alla Sicilia. Dopo un poco di tempo fu di ritorno. Raccontò che in fondo al mare aveva visto montagne, valli, caverne e pesci di tutte le specie, ma aveva avuto paura solo passando dal Faro, perché lí non era riuscito a trovare il fondo.

— E allora Messina su cos'è fabbricata?[9] — chiese il Re.
— Devi scendere giú a vedere dove poggia.

Cola si tuffò e stette sott'acqua un giorno intero. Poi ritornò a galla e disse al Re: — Messina è fabbricata su uno scoglio, e questo scoglio poggia su tre colonne: una sana, una scheggiata e una rotta.

O Messina, Messina,
Un dí sarai meschina!

Il Re restò assai stupito, e volle portarsi Cola Pesce a Napoli per vedere il fondo dei vulcani. Cola scese giú e poi raccontò che aveva trovato prima l'acqua fredda, poi l'acqua calda e in certi punti c'erano anche sorgenti d'acqua dolce.[10] Il Re non ci voleva credere e allora Cola si fece dare due bottiglie e gliene andò a riempire una d'acqua calda e una d'acqua dolce.

Ma il Re aveva quel pensiero che non gli dava pace, che al Capo del Faro il mare era senza fondo. Riportò Cola Pesce a Messina e gli disse: — Cola, devi dirmi quant'è profondo il mare qui al Faro, piú o meno.

Cola calò giú e ci stette due giorni, e quando tornò su disse che il fondo non l'aveva visto, perché c'era una colonna di fumo che usciva da sotto uno scoglio e intorbidava l'acqua.

Il Re, che non ne poteva piú dalla curiosità, disse: — Gettati dalla cima della Torre del Faro.

La Torre era proprio sulla punta del capo e nei tempi andati ci stava uno di guardia,[11] e quando c'era la corrente che tirava[12] suonava una tromba e issava una bandiera per avvisare i bastimenti che passassero al largo. Cola Pesce si tuffò di lassú in cima. Il Re aspettò un giorno, ne aspettò due, ne aspettò tre, ma Cola non si rivedeva. Finalmente venne fuori, ma era pallido come un morto.

— Che c'è,[13] Cola? — chiese il Re.

— C'è che sono morto di spavento, — disse Cola. — Ho visto un pesce, che sola nella bocca poteva entrarci intero un bastimento![14] Per non farmi inghiottire[15] mi son dovuto nascondere dietro una delle tre colonne che reggono Messina!

Il Re stette a sentire a bocca aperta; ma quella maledetta curiosità di sapere quant'era profondo il Faro non gli era passata.[16] E Cola: — No, Maestà, non mi tuffo piú, ho paura.

Visto che non riusciva a convincerlo, il Re si levò la corona dal capo, tutta piena di pietre preziose che abbagliavano lo sguardo, e la buttò in mare. — Va' a prenderla, Cola!

— Cos'avete fatto, Maestà? La corona del Regno!

— Una corona che non ce n'è altra al mondo,[17] — disse il Re. — Cola, devi andarla a prendere!

— Se voi cosí volete, Maestà, — disse Cola, — scenderò. Ma il cuore mi dice che non tornerò piú su. Datemi una manciata di lenticchie. Se scampo, tornerò su io; ma se vedete venire a galla le lenticchie, è segno che io non torno piú.

Gli diedero le lenticchie, e Cola scese in mare.

Aspetta, aspetta; dopo tanto aspettare, vennero a galla le lenticchie. Cola Pesce s'aspetta ancora che torni.

(*Palermo*).

14 Cric e Croc

In un paese lontano c'era un ladro famoso che chiamavano Cric e non l'avevano potuto mai pigliare. Questo Cric voleva far conscenza con[1] un altro ladro che chiamavano Croc, famoso quanto lui,[2] per far lega[3] assieme. Un giorno Cric all'osteria mangiava al tavolo d'uno sconosciuto. Fa per guardare[4] l'ora e vede che è rimasto senza orologio. 'Se costui m'ha rubato l'orologio senza che me ne sia accorto, — pensa, — non può essere che Croc',[5] e gli ruba subito la borsa dei danari. Quando lo sconosciuto fa per pagare e si trova senza borsa, dice al compagno: — Allora tu sei Cric.

E l'altro: — E tu sei Croc.

— Sí.

— Bene, ruberemo insieme, — e fecero lega.

Andarono alla città e c'era il tesoro del Re tutto circondato da guardie. Loro con un buco sottoterra ci entrarono e lo rubarono. Il Re, visto il saccheggio, non sapeva dove battere il capo.[6] Va da uno che era in prigione per ladro, chiamato Portacalcina, e gli fa: — Se tu mi dici chi è che ha rubato il tesoro, ti lascio in libertà e ti faccio marchese.

Portacalcina rispose: — Non può essere che Cric o Croc o tutti e due insieme, perché sono i piú gran ladri che ci sono. Ma le dico io come fare a prenderli. Faccia mettere la carne a cento lire la libbra.[7] Chi l'andrà a comperare sarà il ladro.

Il Re fa mettere la carne a cento lire la libbra, e nessuno comprava piú carne. Finalmente gli dicono che a una macelleria è andato a comprar carne un frate. Portacalcina disse: Era certo Cric o Croc travestito. Adesso mi travesto anch'io[8] e vado per le case come un mendicante. Chi mi dà da mangiare della carne, gli faccio un segno rosso sul portone e le guardie lo troveranno.

Ma quando fece il segno rosso sulla casa di Cric, il ladro se ne accorse e andò a segnare di rosso tutte le altre porte della città, cosí non si capiva piú niente.

Portacalcina disse al Re: — Non gliel'ho detto io che sono furbi? Ma c'è anche chi è piú furbo di loro. Faccia cosí: in fondo alla scala del tesoro mettiamoci una tinozza piena di pece bollente. Chi andrà a rubare ci cascherà dentro e potremo vederlo da cadavere.

Cric e Croc che intanto avevano finito i danari tornarono a rubare.[9] Per primo andava Croc, al buio, e cascò nella tinozza. Cric, visto che l'amico era morto nella pece, provò a tirar via il cadavere, ma non ci riusciva. Allora gli tagliò la testa, e la portò via.

Il giorno dopo il Re va a vedere. — Stavolta c'è, stavolta c'è! — e trova un cadavere senza testa, e cosí non si poteva riconoscerlo né saper nulla dei complici.

Portacalcina disse: — Un sistema c'è ancora. Faccia

trascinare il morto da due cavalli per tutta la città. Dove sentirà piangere, là sarà la casa del ladro.

Infatti la moglie di Croc quando vide dalla finestra il cadavere del marito trascinato per la via, cominciò a urlare e a piangere. Ma c'era lí Cric, capí subito che questo voleva dire essere scoperti: allora si mise a rompere piatti e scodelle e a prendere a legnate quella donna. Entrano le guardie chiamate da quel pianto, e vedono che c'è una donna che ha rotto dei piatti, e l'uomo che la picchia e lei che piange.

Il Re allora fece attaccare ai cantoni un decreto, che lui perdonava al ladro che aveva rubato, basta che fosse buono a rubargli le lenzuola dal letto.[10] E Cric allora si presenta, e dice che lui è buono a farlo.

La sera il Re si spoglia e si mette a letto con lo schioppo, ad aspettare il ladro. Cric si fece dare da un becchino un cadavere, lo vestí con i suoi panni e lo portò sul tetto del palazzo reale. A mezzanotte il cadavere, legato a una fune, penzolava davanti alle finestre del Re. Il Re crede che sia Cric, gli spara un colpo e vede che cade giú con la corda e tutto. Corre di sotto a vedere se è morto; e intanto Cric gli cala in camera[11] e gli ruba le lenzuola. Cosí fu perdonato e perché non avesse piú da rubare,[12] il Re gli fece sposare sua figlia.

(*Monferrato*).

15 Il giocatore di biliardo

C'era una volta un giovane che passava la giornata nei caffè, e sfidava tutti al biliardo. Un giorno, in un caffè, incontrò un signore forestiero:
— Facciamo una partita al biliardo? — gli disse il giovane.
— Facciamola.
— Cosa ci giochiamo?
— Se vince, le do mia figlia in sposa, — disse il forestiero.
Fecero la partita e vinse il giovane.

Il forestiero disse: — Bene. Io sono il Re del Sole. Presto le scriverò —. E andò via.

Il giovane aspettava tutti i giorni dal postino una lettera

42 *Fiabe italiane*

del Re del Sole, ma questa lettera non arrivava mai. Allora si mise in viaggio. Ogni domenica si fermava in una città, aspettava che uscisse la gente dalla Messa, e domandava ai piú vecchi se sapevano dove stava il Re del Sole. Nessuno ne sapeva niente, ma una volta trovò un vecchio che gli disse:

— Che c'è, lo so di sicuro,[1] ma dov'è, non saprei proprio dirlo.

Il giovane si mise in viaggio per un'altra settimana. E finalmente, in un'altra città, trovò un altro vecchio che usciva dalla Messa, che gli insegnò la strada per un'altra città ancora. Ci arrivò la domenica, e all'uscita dalla Messa domandò a un vecchio se sapeva dove stesse il Re del Sole.

— Qua vicino, — disse il vecchio, — in fondo a questa via,[2] là a destra, c'è il suo palazzo. Lo riconoscerà subito perché è un palazzo senza porta.

— E come si fa a entrare?[3]

— Mah! Provi un po' ad andare in quel boschetto. In mezzo a quel boschetto c'è una vasca, e a mezzogiorno ci vengono le tre figlie del Re del Sole a fare il bagno.[4]

Il giovane andò a nascondersi nel boschetto. A mezzogiorno in punto,[5] arrivano le tre figlie del Re del Sole. Si svestono, si tuffano nella vasca e cominciano a nuotare. Il giovane, senza farsi accorgere,[6] s'avvicinò ai vestiti della piú bella, e glieli portò via.

Le tre ragazze vennero fuori dall'acqua e s'andarono subito a rivestire. Ma la piú bella non trovava i suoi vestiti.

— Su, noi siamo già pronte, — le dissero le sorelle, — cosa fai?

— Non trovo piú i miei vestiti! Aspettate!

— Cercali meglio. Noi dobbiamo andare via —. E la lasciarono lí. La ragazza si mise a piangere.

Saltò fuori il giovane. — Se lei mi porta da suo padre, le darò i suoi vestiti.

— Ma chi è lei?

— Io sono quello che ho vinto al biliardo e devo sposare la figlia del Re del Sole.

I due giovani si guardarono e s'innamorarono l'uno dell'altro. Disse la ragazza: — Devi sposare me. Ma guarda[7] che mio padre ti metterà una benda agli occhi e ti farà scegliere tra noi tre. Per riconoscermi devi toccare le

Il giocatore di biliardo 43

nostre mani. Io ho un dito mozzo —. E lo fece entrare nel palazzo del Re del Sole.

— Sono qui per sposare sua figlia, — disse il giovane al Re del Sole.

— Bene, la sposerai domani, — disse il Re del Sole, — ora scegli quale vuoi delle tre —. E lo fece bendare.

Entrò la prima. Lui le toccò le mani e disse: — Questa non mi piace.

Il Re gli mandò la seconda. Il giovane le toccò le mani e: — Anche questa non mi va.[8]

Venne la terza. Il giovane s'assicurò che avesse il dito mozzo e disse: — Voglio sposare questa qui.

Furono fatte le nozze e i due sposi ebbero una stanza per loro nel palazzo. A mezzanotte, la sposa gli disse: — Senti, bisogna proprio che ti dica che mio padre sta combinando di farti ammazzare.

— E noi scappiamo, — disse lui.

S'alzarono di buon'ora, presero ognuno un cavallo e scapparono. S'alzò anche il Re, andò nella stanza degli sposi e non li trovò piú. Andò in scuderia e vide che gli mancavano i due cavalli piú belli. Allora mandò una truppa di soldati di cavalleria a inseguire e arrestare i due sposi.

Mentre gli sposi galoppavano via, la figlia del Re del Sole sentí uno scalpitío dietro di loro, si voltò e vide avanzare la truppa di soldati. Si tolse il pettine dai capelli e lo conficcò per terra. Il pettine si trasformò in un bosco. E nel bosco c'erano un uomo e una donna che sradicavano ciocchi d'albero.

I soldati gli chiesero: — Avete visto passare la figlia del Re del Sole con suo marito?

E l'uomo e la donna risposero: — Noi siamo dietro a strappare[9] i ciocchi; quand'è notte, andiamo a casa.

E i soldati: — Abbiamo detto se avete veduto passare la figlia del Re e suo marito!

E quei due: — Sí, quando ne abbiamo riempito un carretto, ce ne andiamo.

I soldati si stufarono e tornarono indietro. — Li avete trovati? — chiese il Re del Sole.

— Eravamo già lí lí per prenderli,[10] — risposero loro, — quando tutt'a un tratto ci siamo trovati in un bosco, e

c'era un uomo e una donna che rispondevano sempre
all' incontrario.
— Dovevate arrestarli! Erano loro!

E i soldati tornarono all'inseguimento. Li avevano quasi
raggiunti, quando la figlia del Re del Sole conficcò di nuovo
il pettine in terra, e il pettine si trasformò in un orto, e
c'erano un uomo e una donna che raccoglievano cicoria e
ravanelli. I soldati domandarono: — Avete visto passare la
figlia del Re con suo marito?

— I ravanelli un soldo al mazzo, e la cicoria un mezzo-
soldo.

I soldati tornarono a domandare, e quei due tornarono a
parlare di ravanelli e di cicoria. E la truppa tornò indietro.

— Eravamo proprio vicini, — dissero al Re, — quando ci
siamo trovati in un orto, con un uomo e una donna che
rispondevano sempre all'incontrario.

— Dovevate arrestarli! Erano loro!

I soldati, galoppa e galoppa, erano di nuovo alle calcagna
dei due sposi, quando la ragazza mise di nuovo in terra il
pettine e loro si videro davanti una chiesa,[11] con due
sagrestani che suonavano le campane. E i soldati domandarono a loro se avevano visto la figlia del Re del Sole.

E i sagrestani: — Ora suoniamo la seconda, poi la terza,
e poi viene la Messa.

E i soldati si stufarono.

— Dovevate arrestarli! Erano loro! — gridò il Re del
Sole, poi si stufò anche lui.

(Milano).

16 Il paese dove non si muore mai

Un giorno, un giovane disse: — A me questa storia[1] che tutti
devono morire mi piace poco: voglio andare a cercare il
paese dove non si muore mai.

Saluta padre, madre, zii e cugini, e parte. Cammina
giorni, cammina mesi, e a tutti quelli che incontrava domandava se sapevano insegnargli il posto dove non si muore
mai: ma nessuno lo sapeva. Un giorno incontrò un vecchio,

con una barba bianca fino al petto, che spingeva una carriola
carica di pietre. Gli domandò: — Sapete insegnarmi dov'è
il posto in cui non si muore mai?

— Non vuoi morire? Stattene con me. Finché non ho
finito di trasportare con la mia carriola tutta quella montagna a pietra a pietra, non morirai.

— E quanto tempo ci metterete[2] a spianarla?
— Cent'anni, ci metterò.
— E poi dovrò morire?
— E sí.
— No, non è questo il posto per me: voglio andare in un
posto dove non si muoia mai.

Saluta il vecchio e tira dritto. Cammina cammina, e
arriva a un bosco cosí grande che pareva senza fine. C'era
un vecchio con la barba fino all'ombelico, che con una roncola
tagliava rami. Il giovane gli domandò: — Per piacere, un
posto dove non si muoia mai, me lo sapete dire?

— Sta' con me, — gli disse il vecchio. —Se prima non ho
tagliato tutto il bosco con la mia roncola, non morirai.

— E quanto ci vorrà?[3]
— Mah! Duecento anni.
— E dopo dovrò morire lo stesso?
— Sicuro. Non ti basta?
— No, non è questo il posto per me: vado in cerca d'un
posto dove non si muoia mai.

Si salutarono, e il giovane andò avanti. Dopo qualche mese,
arrivò in riva al mare. C'era un vecchio con la barba fino
ai ginocchi, che guardava un'anatra bere l'acqua del mare.

— Per piacere, lo sapete il posto dove non si muore mai?
— Se hai paura di morire, sta' con me. Guarda: finché
questa anatra non avrà asciugato questo mare col suo becco,
non morirai.

— E quanto tempo ci vorrà?
— A occhio e croce,[4] un trecento anni.
— E dopo bisognerà che muoia?
— E come vuoi fare? Quanti anni ancora vorresti
scampartela?
— No: neanche questo posto fa per me; devo andare là
dove non si muore mai.

Si rimise per via. Una sera, arrivò a un magnifico

palazzo. Bussò, e gli aperse un vecchio con la barba fino ai piedi: — Cosa volete, bravo giovane?

— Vado in cerca del posto dove non si muore mai.

— Bravo, capiti bene.[5] È questo il posto dove non si muore mai. Finché starai qui con me,[6] sarai sicuro di non morire.

— Finalmente! Ne ho fatto di giri![7] Questo è proprio il posto che cercavo! Ma lei, poi, è contento che stia qui?

— Ma sí, contentone, anzi: mi fai compagnia.

Cosí il giovane si stabilí nel palazzo con quel vecchio, e faceva vita da signore. Passavano gli anni che nessuno se n'accorgeva: anni, anni, anni. Un giorno il giovane disse al vecchio: — Perbacco, qua con lei ci sto proprio bene, ma avrei voglia d'andare a vedere un po' cosa ne è dei miei parenti.[8]

— Ma che parenti vuoi andare a vedere? A quest'ora sono morti tutti da un bel pezzo.[9]

— Be', cosa vuole che le dica?[10] Ho voglia d'andare a vedere i miei posti, e chissà che non incontri i figli dei figli dei miei parenti.

— Se proprio ci hai quest'idea in testa, t'insegnerò come devi fare. Va' in stalla, prendi il mio cavallo bianco, che ha la virtú di andare come il vento, ma ricordati di non scendere mai di sella, per nessuna ragione, perché se scendi muori subito.

— Stia tranquillo che non smonto: ho troppa paura di morire!

Andò alla stalla, tirò fuori il cavallo bianco, montò in sella, e via come il vento. Passa nel posto in cui aveva incontrato il vecchio con l'anatra: dove prima era il mare ora si estendeva una gran prateria. Da una parte c'era un mucchio d'ossa: erano le ossa del vecchio. 'Guarda un po',[11] — si disse il giovane, — ho fatto bene a tirare dritto; se stavo con quello là a quest'ora ero morto anch'io!'

Continuò la sua strada. Dov'era quel gran bosco che un vecchio doveva tagliare con la roncola, ora era nudo e pelato: non si vedeva piú neanche un albero. 'Anche con questo qui, — pensò il giovane, — sarei bell'e morto[12] da un pezzo!'

Passò dal posto dov'era quella gran montagna che un

vecchio doveva portar via pietra per pietra: adesso c'era una pianura piatta come un biliardo.

— Altro che morto, sarei, con questo qui!

Va e va e arriva al suo paese, ma era tanto cambiato che non lo riconosceva piú. Cerca casa sua, ma non c'è neanche piú la strada. Domanda dei suoi,[13] ma il suo cognome nessuno l'aveva mai inteso. Ci restò male.[14] 'Tanto vale[15] che torni indietro subito', si disse.

Girò il cavallo, e prese la via del ritorno. Non era nemmeno a mezza strada che incontrò un carrettiere, che conduceva un carro carico di scarpe vecchie, tirato da un bue. — Signore, mi faccia la carità!— disse il carrettiere. — Scenda un momento, e m'aiuti ad alzare questa ruota, che m'è andata giú dalla carreggiata.

— Ho fretta, non posso scendere di sella, — disse il giovane.

— Mi faccia questa grazia, vede che sono solo, ora viene sera...

Il giovane si lasciò impietosire, e smontò. Aveva ancora un piede sulla staffa e un piede già in terra, quando il carrettiere l'abbrancò per un braccio e disse: — Ah! finalmente t'ho preso! Sai chi sono? Son la Morte! Vedi tutte quelle scarpe sfondate lí nel carro? Sono tutte quelle che m'hai fatto consumare per correrti dietro. Adesso ci sei cascato! Tutti dovrete finire nelle mie mani, non c'è scampo!

E al povero giovane toccò di morire anche a lui.[16]

(*Verona*).

17 I tre castelli

Un ragazzo s'era messo in testa d'andare a fare il ladro.[1] Lo disse a sua madre. — Non hai vergogna? — disse sua madre. — Vatti subito a confessare, e sentirai cosa ti dice il confessore.

Il ragazzo s'andò a confessare. — Rubare è peccato, — gli disse il confessore, — ma basta che tu rubi ai ladri, e non è piú peccato.

Il ragazzo andò nel bosco e trovò i ladri. Bussò alla porta e si fece prendere[2] come servitore.

— Noi rubiamo, — dissero i ladri, — ma non facciamo peccato perché andiamo a rubare dagli esattori delle tasse.

Una notte che i ladri erano andati a rubare da un esattore delle tasse, il ragazzo prese il miglior mulo dalla stalla, lo caricò di marenghi e scappò via.

Portò i marenghi a sua madre e lui andò in città a cercar lavoro. In quella città c'era un Re che aveva cento pecore e nessuno voleva andar da lui per pastore. Il ragazzo ci andò. Il Re gli disse: — Senti, qua ci sono le cento pecore. Domattina portale a pascolare in quel prato, ma non al di là di[3] quel ruscello, perché c'è un serpente che le mangia. Se me le riporti a casa tutte ti do la buonamano, altrimenti ti licenzio su due piedi,[4] se prima il serpente non t'ha mangiato.

Per andare in quel prato si passava sotto le finestre del Re, e c'era sua figlia affacciata. Vide il ragazzo, le piacque, e gli buttò una focaccia. Il pastore prese la focaccia al volo e se la portò con sé per mangiarla sul prato. Quando fu nel prato vide una pietra bianca in mezzo all'erba e si disse: 'Ora mi siedo là per mangiare la focaccia della figlia del Re'. Ma la pietra era al di là del ruscello. Il pastore non ci badò,[5] saltò il ruscello e le pecore gli vennero dietro.

C'era l'erba alta, le pecore brucavano tranquille, e lui seduto sulla pietra mangiava la focaccia. A un tratto, sentí dare un colpo sotto la pietra, che pareva andasse giú il mondo.[6] Il ragazzo si guardò intorno, non vide nulla, e continuò a mangiare la focaccia. Di sotto alla pietra si sentí dare un colpo ancor piú forte, e il pastore fece finta di niente.[7] Si sentí dare un terzo colpo, e da sotto alla pietra venne fuori un serpente con tre teste, che in ogni bocca teneva una rosa e avanzava con le tre teste verso il ragazzo come volesse porgergli le rose. Il ragazzo stava per prendere le rose quando il serpente gli s'avventò contro con le tre bocche aperte, che poteva mangiarlo tutto in una volta in tre bocconi. Ma il pastorello, piú svelto di lui, col bastone che aveva in mano gli mena una botta su una testa, una botta sull'altra, una botta sull'altra ancora, e tante gliene diede che l'ammazzò.

I tre castelli   49

Poi gli tagliò le tre teste col falcetto; due se le mise nella cacciatora e una la schiacciò per vedere cosa c'era dentro. Dentro c'era una chiave di cristallo; il ragazzo alzò la pietra e trovò un uscio con una toppa di serratura. Il ragazzo ci mise dentro la chiave di cristallo e aperse. Si trovò in un magnifico palazzo tutto di cristallo. Da tutte le porte uscivano servitori di cristallo: — Buondí signor padrone, cosa comanda?

— Vi comando di condurmi a vedere tutti i miei tesori.

E loro lo condussero per le scale di cristallo e le torri di cristallo, e gli fecero vedere scuderie di cristallo con cavalli di cristallo, e armi e armature tutte di cristallo. E poi lo portarono a un giardino di cristallo, tra viali d'alberi di cristallo sui quali cantavano uccelli di cristallo, e aiuole in cui fiori di cristallo sbocciavano attorno a laghetti di cristallo. Il ragazzo colse un mazzolino di fiori di cristallo e se lo mise sul cappello. Alla sera, tornando con le pecore, la figlia del Re, affacciata alla finestra, gli disse: — Mi dai quei fiori che hai sul cappello?

— Sí che te li do, — disse il pastore. — Sono fiori di cristallo, colti nel giardino di cristallo del mio castello tutto di cristallo —. E le tirò i fiori e lei li prese al volo.[8]

L'indomani, tornato a quella pietra, schiacciò l'altra testa di serpente. C'era una chiave d'argento. Alzò la pietra, mise la chiave d'argento nella toppa ed entrò in un palazzo tutto d'argento, e accorsero servitori tutti d'argento dicendo: — Comandi, signor padrone! — e lo portarono a vedere cucine d'argento, in cui polli d'argento cuocevano su fuochi d'argento, e giardini d'argento in cui pavoni d'argento facevano la ruota.[9] Il ragazzo colse un mazzolino di fiori d'argento e se lo mise sul cappello. E poi la sera lo diede alla figlia del Re che gliel'aveva chiesto.

Il terzo giorno schiacciò la terza testa e trovò una chiave d'oro. Mise la chiave nella toppa ed entrò in un palazzo tutto d'oro, e i servitori ai suoi comandi erano d'oro anch'essi dalla parrucca agli stivali, e i letti erano d'oro con tutte le lenzuola d'oro e il cuscino d'oro e il baldacchino d'oro, e nelle voliere volavano uccelli d'oro. In un giardino d'aiuole d'ore e di fontane con zampilli d'oro, colse un mazzolino di fiori d'oro da mettere sul cappello, e la sera lo diede alla figlia del Re.

Accadde che il Re gettò un bando[10] per la giostra, e chi vinceva la giostra aveva la mano della figlia. Il pastore aperse la porta con la chiave di cristallo, scese nel palazzo di cristallo e prese un cavallo di cristallo, con la briglia e la sella di cristallo, e cosí si presentò alla giostra, con un'armatura di cristallo e scudo e lancia di cristallo. Vinse tutti gli altri cavalieri e scappò via senz'essere riconosciuto.

L'indomani tornò su un cavallo d'argento con paramenti d'argento e la sua armatura era d'argento e la sua lancia e il suo scudo d'argento. Vinse tutti e scappò via sempre sconosciuto. Il terzo giorno tornò su un cavallo d'oro, tutto armato d'oro. Vinse anche la terza volta e la Principessa disse: — Io so chi è: è uno che m'ha regalato fiori di cristallo, d'argento e d'oro, dei giardini dei suoi castelli di cristallo, d'argento e d'oro.

E allora si sposarono e il pastorello divenne Re.

E tutti sono stati allegri e contenti,
E a me che ero a vedere non m'hanno dato niente.

(*Monferrato*).

18 Cicco Petrillo

C'era una volta moglie e marito che avevano una figlia femmina, e avevano trovato a maritarla.[1] Il giorno delle nozze avevano invitato tutti i parenti e dopo lo sposalizio si misero a tavola. Sul piú bello[2] del pranzo, venne a mancare[3] il vino. Il padre disse alla figlia sposa: — Va' giú in cantina a prendere del vino.

La sposa va in cantina, mette la bottiglia sotto la botte, apre la spina e aspetta che la bottiglia si riempia. Intanto che aspetta,[4] cominciò a pensare: 'Oggi mi sono accasata, di qui a nove mesi[5] mi nascerà un figlio, gli metterò nome Cicco Petrillo, lo vestirò, lo calzerò, diventerà grandicello... e se Cicco Petrillo poi mi muore? Ah! Povero figlio mio!' e sbottò in un pianto, un pianto da non dirsi.[6]

La spina intanto era sempre aperta, e il vino correva giú per la cantina. Quelli a pranzo, aspetta la sposa, aspetta la sposa, ma la sposa non ricompariva. Il padre disse a sua

moglie: — Va' un po' in cantina a vedere se quella là si
fosse addormentata, alle volte![7]

La madre andò in cantina e trovò la figlia che piangeva
da non poterne piú.[8] — Che hai fatto, figlia? Cosa t'è
successo?

— Ah, mamma mia, stavo pensando che oggi mi sono maritata, tra nove mesi farò un figlio e gli metterò nome Cicco
Petrillo; e se Cicco Petrillo poi mi muore?

— Ah! Povero mio nipote!

— Ah! Povero figlio mio!

E le due donne sbottarono a piangere tutte e due.

La cantina, intanto, s'empiva di vino. Quelli che erano
rimasti a tavola, aspetta il vino, aspetta il vino, il vino non
veniva. Disse il padre: — Gli sarà preso un colpo a tutt'e
due.[9] Bisognerà che vada a darci un'occhiata.

Andò in cantina e trovò le due donne che piangevano
come due creature. Disse: — E che diavolo v'è successo?

— Ah! Marito mio, sapessi![10] Stiamo pensando che ora
questa figlia nostra s'è maritata, e presto presto ci farà un
figlio, e a questo figlio gli metteremo nome Cicco Petrillo;
e se Cicco Petrillo se ne muore?

— Ah! — gridò il padre. — Povero Cicco Petrillo nostro!

E si misero a piangere tutti e tre, in mezzo al vino.

Lo sposo, non vedendo tornar piú su nessuno, disse:
— Ma che accidente staranno a fare[11] giú in cantina?
Fatemici andare[12] un po' a vedere, — e scese giú.

A sentire quel piagnisteo: — Che diavolo v'è sceso,[13]
che piangete?

E la sposa: — Ah! Marito mio! Stiamo pensando che noi
ora ci siamo sposati, e faremo un figlio e gli metteremo
nome Cicco Petrillo; e se Cicco Petrillo nostro se ne
muore?

Lo sposo dapprincipio stette a vedere se facevano per
scherzo, poi quando capí che facevano sul serio, gli saltarono
le paturnie[14] e cominciò a urlare: — Che eravate un po'
tonti, — dice, — me l'immaginavo, ma fino a questo punto,
— dice, — non me l'aspettavo proprio —. Dice: — E adesso
mi toccherà perdere il mio tempo con questi mammalucchi!
— Dice: — Ma manco per sogno![15] Me ne vado per il
mondo! — Dice: — Sissignore! E tu cara mia, datti l'anima in
pace[16] che non mi vedi piú. A meno che girando il mondo

non trovassi[17] tre matti peggio di voi! — Dice, e va via. Uscí di casa e non si voltò nemmeno indietro.

Camminò fino a un fiume, e c'era un uomo che voleva levare delle nocciole da una barca con la forca.

— Che fate, buon uomo, con codesta forca?
— È un pezzo che ci provo, ma non riesco a levarne nemmeno una.
— Sfido! Ma perché non provate con la pala?
— Con la pala? To', non ci avevo pensato.

'E uno! — disse lo sposo. — Questo qui è piú bestia ancora di tutta la famiglia di mia moglie'.

Camminò, finché non arrivò a un altro fiume. C'era un contadino che s'affannava ad abbeverare due buoi col cucchiaio.

— Ma che fate?
— Sono qui da tre ore e non sono buono a cavar la sete a queste bestie!
— E perché non gli lasciate mettere il muso nell'acqua?
— Il muso? Eh, dite bene: non ci avevo pensato.

'E due!', disse lo sposo, e andò avanti.

Cammina cammina, in cima a un gelso vide una donna che teneva in mano un paio di brache.

— Che fate lassú, buona donna?
—Oh, se sapeste! — gli disse quella. — Il mio uomo è morto, e il prete m'ha detto che se n'è salito in Paradiso. Io sto ad aspettare che torni giú e rientri nelle sue brache.

'E tre! — pensò lo sposo. — Mi pare che non s'incontra che gente piú tonta di mia moglie. È meglio che me ne torni a casa mia!'

Cosí fece e si trovò contento, perché si dice che il peggio non è mai morto.[18]

(*Roma*).

19 L'uva salamanna

Ci fu una volta un Re che aveva una figlia: unica, di gran bellezza, e da marito.[1] Un Re suo confinante aveva tre figli giovanotti e si innamorarono tutti e tre di questa Principes-

L'uva salamanna 53

sa. Il padre della Principessa disse: — Per me siete tutti e tre uguali e non posso far preferenze per l'uno o per l'altro. Ma non vorrei nascessero contrasti tra voi. Fate cosí: andatevene in viaggio per il mondo, e quello che di voi di qui a sei mesi tornerà col regalo piú bello, lo sceglierò per mio genero.

I tre fratelli partirono, e in un punto in cui la strada maestra si spartiva in tre diverse vie, presero ognuno per una via.

Il fratello maggiore passò tre mesi, quattro, cinque e ancora non aveva trovato una cosa che meritasse d'essere portata in regalo. Una mattina del sesto mese, era in una lontana città, quando sotto la finestra dell'albergo sentí una voce: — Tappeti! Tappeti fini! — S'affacciò e il tappetaio gli chiese: — Lo vuol comprare un bel tappeto?

Lui disse: — Proprio i tappeti mi mancano![2] Nel mio palazzo c'è pieno di tappeti anche in cucina.

E il tappetaio: — Ma un tappeto con la virtú di questo, certo non ce l'ha.

— E quale sarebbe, questa virtú?

— È un tappeto, — disse il tappetaio, — che quando ci si mette sopra i piedi, fa cento miglia al giorno.

Il Principe schioccò forte le dita: — Ecco il regalo che fa per me! Quanto ne volete, galantuomo?

— Cento scudi tondi, né uno di piú né uno di meno, — disse il tappetaio.

— Affare fatto, — disse il Principe, e gli contò i cento scudi.

Appena mise i piedi sul tappeto, il tappeto valicò monti e valli e arrivò all'osteria dov'egli aveva combinato di trovarsi coi fratelli alla fine dei sei mesi. Gli altri non erano ancora arrivati.

Anche il fratello mezzano fino agli ultimi giorni aveva girato da ogni parte senza trovare un regalo che gli andasse. Ed ecco che incontrò un merciaio ambulante che gridava: — Cannocchiali! Cannocchiali perfetti! Signorino, le piace un cannocchiale?

— Che me ne faccio?[3] — disse il Principe. — A casa mia c'è pieno di cannocchiali, tutti delle fabbriche migliori.

— Scommettiamo, che cannocchiali con le virtú di questi, non ne ha mai visti? — disse il cannocchialaio.

— Che virtú?

— Questi cannocchiali vedono lontano anche cento miglia, e non solo all'aperto, ma anche attraverso i muri.

Esclamò il Principe: — Allora è proprio quello che fa al caso mio! Quanto vi do?

— Cento scudi tondi.

— Ecco cento scudi, datemene uno, — e appena ebbe il cannocchiale, fece ritorno all'osteria. Vi trovò il fratello maggiore, e insieme aspettarono il piú piccolo dei tre.

Il piú piccolo dei tre, fino al giorno prima dello spirare dei sei mesi, non aveva trovato il regalo e ormai disperava di trovarlo, quando, già sulla via del ritorno trovò un fruttivendolo, che gridava: — Uva salamanna![4] Chi ne vuole? Compratela, l'uva salamanna!

Il Principe, che non aveva mai sentito nominare l'uva salamanna perché al suo paese non cresceva, domandò:
— Com'è quest'uva che vendete?

— Si chiama salamanna, — disse il fruttivendolo. — È l'uva piú squisita che ci sia, e questa per di piú ha una virtú speciale.

— E in che consiste questa virtú?

— A metterne un chicco in bocca a una persona in fin di vita[5] la si fa tornare subito in salute.

— Ma no? — fece il Principe. — Allora io la compro subito. A quanto la vendete?

— Eh, va a chicchi.[6] Le farò cento scudi tondi per chicco, perché è lei.

Trecento scudi in tasca aveva il Principe, e tre chicchi soli d'uva salamanna poté comprare. Li mise in una scatolina ben conservati con la bambagia e andò a raggiungere i fratelli.

Quando furono tutti e tre assieme all'osteria, si domandarono l'un l'altro cosa avevano comperato.

— Io? Uh, un tappetino... — fece il maggiore.

— Be', io un cannocchialetto... — fece il mezzano.

— Un po' di frutta e nient'altro, — disse il terzo.

— Chissà cosa succede adesso a casa nostra? E al palazzo della Principessa? — disse uno di loro.

E il mezzano, cosí, facendo finta di niente puntò il cannocchiale verso la capitale del loro Regno. Tutto era come al solito. Poi puntò il cannocchiale verso il Regno confinante,

dov'era il palazzo della loro innamorata, e diede un grido.
— Che c'è? — dissero i fratelli.
— Sapete cosa vedo? — disse il fratello. — Al palazzo della nostra innamorata, c'è un viavai di carrozze, gente che piange e si strappa i capelli. E dentro... Dentro vedo un medico, un prete con la stola, al capezzale d'un letto, sí, il letto della Principessa, distesa e pallida come una morta. Presto, fratelli, corriamo, se vogliamo arrivare ancora in tempo... Sta morendo!
— Come facciamo! C'è piú di cinquanta miglia!
— Non sgomentatevi, — disse il fratello maggiore, — arriveremo in tempo. Presto: montate tutti sul mio tappeto.

E il tappeto volò fino alla camera della Principessa, entrò dalla finestra e si posò ai piedi del letto come uno scendiletto qualsiasi, coi tre fratelli sopra.

Il fratello piú piccolo aveva già tolto dalla bambagia i tre chicchi d'uva salamanna, e ne mise uno tra le pallide labbra della Principessa. Ella inghiottí e immediatamente aperse gli occhi, e subito il Principe le mise un altro chicco tra le labbra, che tutt'a un tratto presero colore. Le fece ancora inghiottire il terzo chicco, ed essa respirò e alzò le braccia: era guarita. S'alzò sul letto e chiese le sue vesti piú belle alle cameriere.

In mezzo all'allegria generale, il fratello piú piccolo disse: — Allora la vittoria è mia e la Principessa è la mia sposa. Senza l'uva salamanna, a quest'ora era già morta.[7]
— No, fratello, — protestò il mezzano, — se io non avevo il cannocchiale e non vi dicevo che la Principessa era in fin di vita, i tuoi chicchi non servivano a niente. Perciò la Principessa me la sposo io.
— Mi dispiace, fratello, — interloquí il maggiore. — La Principessa è mia e nessuno può togliermela. Le vostre ragioni sono nulla in confronto del mio tappeto, perché per arrivare qua in tempo, solo il mio tappeto poteva servire, e non il vostro cannocchiale o la vostra uva salamanna.

Cosí la lite che il Re voleva evitare scoppiò piú aspra di prima, e il Re per farla finita,[8] decise di sposare la figlia a un quarto pretendente, che era venuto a mani vuote.

(*Montale Pistoiese*).

56 Fiabe italiane

20 I biellesi, gente dura

Un contadino scendeva un giorno a Biella. Faceva un tempo cosí brutto che per le strade non si poteva quasi andare avanti. Ma il contadino aveva un affare importante e continuava ad andare a testa bassa, contro la pioggia e la tempesta.

Incontrò un vecchio che gli fece: — Buon dí![1] Dove andate, buon uomo, cosí in fretta?

— A Biella, — disse il contadino, senza fermarsi.

— Potreste dire almeno: 'se Dio vuole'.

Il contadino si fermò, guardò il vecchio in faccia e ribatté: — Se Dio vuole, vado a Biella; e se Dio non vuole, devo andarci lo stesso.

Ora, quel vecchio era il Signore.[2] — Allora a Biella ci andrete tra sette anni, — gli disse. — Intanto, fate un salto dentro quel pantano e stateci sette anni.

E il contadino si trasformò tutt'a un tratto in una rana, spiccò un salto[3] e giú nel pantano.

Passarono sette anni. Il contadino uscí dal pantano, tornò uomo,[4] si calcò il cappello in testa, e riprese la strada per il mercato.

Dopo pochi passi, ecco di nuovo quel vecchio. Dov'è che andate di bello,[5] buon uomo?

— A Biella.

— Potreste dire: 'se Dio vuole'.

— Se Dio vuole, bene; se no, il patto lo conosco,[6] e nel pantano ci so andare ormai da solo.

E non ci fu verso di cavarne altro.[7]

(*Biellese*).

21 La vecchia dell'orto

C'era una volta un orto di cavoli. Era un anno di carestia, e due donne andarono in cerca di qualcosa da mangiare.

— Comare,[1] — disse una, — andiamo in quest'orto a cogliere cavoli.

La vecchia dell'orto

E l'altra: — Ma ci sarà qualcuno!

La prima andò a vedere. —Non c'è nessuno! Andiamo!

Entrarono nell'orto e colsero due bei fasci di cavoli. Se li portarono a casa, fecero una buona cena, e l'indomani tornarono a prendersene altri due fasci.

Quell'orto era d'una vecchia. La vecchia tornò e vide che le avevano rubato i cavoli. 'Ora ci penso io,[2] — si disse. — Piglio un cane e lo lego alla porta'.

Le comari, quando videro il cane: — No, stavolta a prendere i cavoli io non ci vado, — disse una.

E l'altra: — Ma no, pigliamo due soldi di pane duro, buttiamolo al cane, cosí possiamo fare quel che vogliamo.

Comprarono il pane, e prima che il cane facesse: 'Bu!', gli gettarono il pane. Il cane si buttò sul pane e stette zitto. Le comari presero i cavoli, e via.

S'affacciò la vecchia e vide quella rovina. — Ah! Dunque ti sei fatto cogliere i cavoli sotto al naso![3] Tu non sei buono a far la guardia! Levati! — E per guardiano ci mise un gatto. — Quando farà 'Miu! Miu!' salterò fuori e sorprenderò i ladri!

Le comari vennero per cavoli, e videro il gatto. Presero due soldi di polmone, e prima che il gatto avesse fatto: 'Miu!' gli gettarono il polmone e il gatto stette zitto. Colsero i cavoli, se ne andarono, e solo allora il gatto finí di mangiare il polmone e fece: 'Miu!' S'affacciò la vecchia, non vide piú né cavoli né ladri. E se la prese col gatto.[4]

— Adesso chi ci metto? Il gallo! Stavolta i ladri non mi scappano.

Le due comari: una: — E nossignora, stavolta non ci vado. C'è il gallo!

E l'altra: — Buttiamogli il becchime, e non canterà.

Mentre il gallo beccava il becchime, loro fecero piazza pulita[5] dei cavoli. Il gallo finí il becchime e allora cantò: 'Cucurucú! 'S'affaccia la vecchia, vede i cavoli strappati, prende il gallo e gli tira il collo. Poi dice a un villano: — Scavami una fossa lunga quanto me! — si sdraiò nella fossa e si fece seppellire, lasciando fuori dalla terra solo un'orecchia.

L'indomani mattina arrivano le comari, guardano per tutto l'orto e non vedono anima viva. La vecchia s'era fatta scavare il fosso nel sentiero per cui dovevano passare le comari. All'andata non s'accorsero di niente; al ritorno, cariche di cavoli, la prima comare vide l'orecchia che sporgeva da terra e disse: — O comare, guarda che bel fungo! — Si chinò e si mise a tirare il fungo. Tira, tira, tira; ancora uno strattone e saltò fuori la vecchia.

— Ah! — gridò la vecchia. — Voi siete, che m'avete colto i cavoli? Aspettate che vi faccio vedere io[6] — e afferrò la comare che l'aveva tirata per l'orecchia. L'altra, gambe in spalla,[7] e scappò.

La vecchia teneva la comare nelle sue grinfie: — Ora ti mangio viva in un boccone!

E la comare le disse: — Aspettate: io sto per avere un bambino;[8] se mi salvate la vita vi prometto che, maschio o femmina che sia, quando avrà sedici anni lo darò a voi. Ci state?[9]

— Ci sto! — disse la vecchia. — Cogli tutti i cavoli che vuoi e vattene; ma non ti scordare della promessa.

Piú morta che viva, la comare tornò a casa. — Ah comare, voi ve ne siete fuggita, ma io sono rimasta nei guai, e ho promesso alla vecchia che il figlio o la figlia che mi nascerà, a sedici anni glielo devo dare!

Dopo due mesi, la comare diede alla luce una femminuccia[10] — Ah, povera figlia mia! — le diceva la madre. — Io t'allatto, io t'allevo, e dovrai finir mangiata! — e piangeva.

Quando la ragazza stava per compire i sedici anni, andando a comprar l'olio per la madre incontrò la vecchia.
— E tu di chi sei figlia, ragazzina?

— Della Gnà Sabedda.

— Ti sei fatta bella grande... devi esser saporita...
— e l'accarezzava. — Te' tieni questo fico, portalo a tua madre e dille cosí: 'E la promessa?'

La ragazza andò da sua madre e le raccontò tutto. — ... E m'ha detto di dirvi: 'E la promessa?'

— La promessa? — disse la madre, e scoppiò a piangere.

— Perché piange, vossignoria mia madre?

Ma la madre non le rispondeva; dopo aver pianto per un pezzo, disse: — Se incontri la vecchia, dille: 'Sono ancora piccolina'.

Ma la ragazzina aveva già sedici anni e si vergognava a dire che era piccolina. Cosí quando la vecchia la incontrò

ancora e chiese: — Che ti disse tua madre? — Rispose:
— Sono già grandina...
— Allora vieni con tua nonna che ti regala tante belle cose, — disse la vecchia e afferrò la ragazza.

La portò a casa sua e la chiuse in una stia di polli e le dava da mangiare per ingrassarla. Passato un po' di tempo, voleva vedere se era grassa e le disse: — Di', mostrami un po' il tuo ditino.

La ragazza prese un sorcetto che aveva il suo nido nella stia, e invece del dito fece vedere la coda del sorcetto.

— Eh, sei magra, sei magra ancora, piccina mia. Mangia, mangia.

Ma dopo un po' di tempo, non resisteva piú[11] dalla voglia di mangiarsela e la fece uscire dalla stia. — Ah, sí che sei bella grassa. Adesso riscaldiamo il forno, che voglio fare il pane.

Fecero il pane. La ragazza riscaldò il forno, lo spazzò e lo preparò per infornare.

— Adesso inforna.
— Io non so infornare, nonna. So fare tutto, ma infornare no.
— Ora ti faccio vedere io. Tu porgimi il pane.

La ragazza le porgeva il pane e la vecchia infornava.

— Adesso prendi il lastrone per chiudere il forno.
— E come faccio, io, ad alzare il lastrone, nonna?
— Lo alzo io! — disse la vecchia.

Appena la vecchia si chinò, la ragazza la prese per le gambe e la cacciò dentro il forno. Poi prese il lastrone, e chiuse il forno con la vecchia dentro.

Corse subito a chiamare la madre e rimasero padrone dell'orto di cavoli.

(*Provincia di Callanissetta*).

22 Mastro Francesco Siedi-e-mangia

Una volta si conta e si racconta che c'era un ciabattino che si chiamava Mastro[1] Francesco, e poiché era un battifiacca lo chiamavano tutti Mastro Francesco Siedi-e-mangia.

CONTADINE.

Mastro Francesco Siedi-e-mangia 61

Questo Mastro Francesco aveva cinque figlie una piú bella dell'altra, e brave come il sole. Ma con quel padre che lavorava poco e guadagnava ancora meno, non sapevano come fare a tirare avanti.[2] S'alzava tardi, si vestiva, e via alla taverna, e tutto quel che guadagnavano le figlie se lo infilava sotto il naso.[3]

Alla fine le figlie gli dissero che con le buone o con le cattive[4] doveva mettersi a lavorare. Lui prende deschetto, forme e martello, si mette tutto in spalla, e comincia a girare il paese gridando: — Rattoppascarpe! — Ma chi mai l'aveva da chiamare, se tutti lo conoscevano come il primo battifiacca e ubriacone del paese! Quando vide che al suo paese avrebbe mangiato mosche, andò a un paese tre miglia distante. E anche lí: — Rattoppascarpe! Rattoppascarpe! Chi vuole il rattoppascarpe! — Già gli mancava la voce e nessuno l'aveva ancora chiamato, e lo stomaco gli dava certe fitte da togliere il respiro.[5]

Veniva sera, ed ecco che da un gran palazzo, lo chiama una Signora. Lui sale e la trova in letto. — Aggiustatemi questa scarpa che l'ho sfondata.

Mastro Francesco gliel'aggiustò del suo meglio[6] e la Signora gli diede un tarí, e gli disse: — So che avete cinque figlie ragazze; io sono malata, ho bisogno d'esser servita bene; mi volete dare per cameriera una delle vostre figlie?

— Sissignora, — disse Mastro Francesco, — domani ve la mando.

Tornato a casa, raccontò tutto alle figlie e alla piú grande disse: — Ci andrai tu, domani.

La mattina, la figlia si presentò alla Signora. — Ih, sei venuta, figlia! — disse la Signora. — Siedi qua, dammi un bacio. Ora tu con me devi vivere felice, con tutti i divertimenti e gli sciali che vuoi. Lo vedi, io non mi posso muovere da letto, perciò la padrona sei tu. Va', figlia, ora scopa la casa, fa' pulizia, poi puliciti e vestiti bene anche tu, che quando torna mio marito trovi tutto in ordine.

La ragazza si mise a scopare, e solleva il copriletto che toccava terra per scopare là sotto. E cosa vede? Una coda lunga lunga e pelosa che usciva di sotto le lenzuola e finiva sotto il letto.

'Povera me! Dove son capitata! — fa tra sé la ragazza.[7]

— Mamma-Draga è, non Signora!', e piano piano si tirò indietro.

— Stammi bene a sentire, tu! — fece la Signora, e già aveva cambiato voce, — scopa da tutte le parti,[8] ma non sotto il letto, hai capito?

La ragazza finse d'andare in un'altra stanza e quatta quatta se la svignò e tornò a casa. Suo padre, quando la vide: — Come, sei tornata?

— Padre, Mamma-Draga è, non Signora: sotto il letto ha una coda lunga cosí, nera e pelosa. Dite quel che volete, io non ci torno.

— Stattene a casa, allora, — disse Mastro Francesco, — e mandiamoci la seconda — . Alla seconda figlia, la Signora fece le stesse carezze e disse le stesse belle parole, ma anche lei s'accorse della coda e scappò a casa.

Mastro Francesco a quel buon salario della Signora, col quale poteva mangiare e verstirsi senza muovere un dito, ci teneva proprio.[9] Cosí mandò dalla Signora la figliola seguente, e poi l'altra ancora, e infine la piú piccola, e tutte tornarono a casa di corsa, spaventate dalla codaccia nera e pelosa.

— Meglio qua, — dicevano, —meglio qua a casa nostra, a lavorare notte e giorno, e guadagnarci il pane sudando sangue, coi nostri vecchi stracci, piuttosto che a casa della Draga, a mangiare e vestire bene con poca fatica, per poi finir mangiati! Padre, se vi piace tanto, andate voi dalla Draga.

Il padre non si poteva dar pace. E decise d'andare lui a servizio dalla Signora. Il servizio, tanto, era leggero[10] e poteva mangiare e vestire come un principe.

E difatti, come un principe lo trattò la Signora: bei vestiti, buoni piatti, anelli d'oro, divertimenti e sciali. Tutto il suo lavoro era far la spesa, far pulizia alla camera, poi si sedeva, buttava una gamba qua e una là e se ne stava in panciolle[11] tutto il giorno. Cosí passò un po' di tempo e Siedi-e-mangia ingrassava, ingrassava. Quando fu ben ingrassato, la Signora lo chiamò. Lui s'avvicinò al letto:
— Cosa comanda, Signora?

La Mamma-Draga ghignò, l'afferrò per un braccio puntandogli dentro le unghie e gli disse:

> Siedi-e-mangia, Mangia-e-siedi,
> Che parte vuoi ti mangi,
> Dalla testa oppur dai piedi?

Tremando come una foglia, con un filo di voce, Mastro Francesco rispose:

> Chi alle figlie sue non crede
> Sia mangiato per il piede.

Allora la Mamma-Draga lo prese per i piedi, succhiò e lo tirò su in un sorso, dritto dritto, senza neanche lasciargli le ossa.

> Le figlie restarono tranquille e contente
> E Mastro Francesco morí come un fetente.
> E chi l'ha detto e chi l'ha fatto dire
> Non debba della sua morte morire.[12]

(*Entroterra palermitano*).

23 L'uomo verde d'alghe

Un Re fece fare la grida nelle piazze che a chi gli avesse riportato la sua figlia sparita gli avrebbe dato una fortuna. Ma la grida non aveva effetto perché nessuno sapeva dove poteva esser andata a finire questa ragazza:[1] l'avevano rapita una notte e non c'era posto sulla terra che non avessero frugato per cercarla.

A un capitano di lungo corso[2] venne l'idea che se non si trovava in terra si poteva trovare in mare, e armò una nave apposta per partire alla ricerca. Ma quando volle ingaggiare l'equipaggio, non trovava marinai: perché nessuno aveva voglia di partire per un viaggio pericoloso, che non si sapeva quando sarebbe finito.

Il capitano era sul molo e aspettava, e nessuno s'avvicinava alla sua nave, nessuno osava salire per il primo.[3] Sul molo c'era anche Baciccin Tribordo che era conosciuto come un vagabondo e un uomo da bicchieri,[4] e nessuno lo prendeva sulle navi. — Di', ci vuoi venire tu, sulla mia nave? — gli fece il capitano.

— Io sí che voglio.
— Allora sali, — e Baciccin Tribordo salí per primo. Cosí anche gli altri si fecero coraggio e salirono a bordo.

Sulla nave Baciccin Tribordo se ne stava sempre con le mani in tasca a rimpiangere le osterie, e tutti brontolavano contro di lui, perché il viaggio non si sapeva quando sarebbe finito, i viveri erano scarsi e dovevano tenere a bordo un fa-niente come lui. Il capitano decise di sbarazzarsene.
— Vedi quell'isolotto? — gli disse, indicandogli uno scoglio isolato in mezzo al mare. — Scendi nella scialuppa e va' a esplorarlo. Noi incrociamo qui intorno.

Baciccin Tribordo scese nella scialuppa e la nave andò via a tutte vele e lo lasciò solo in mezzo al mare. Baciccin s'avvicinò allo scoglio. Nello scoglio c'era una caverna e lui entrò. In fondo alla caverna[5] c'era legata una bellissima ragazza, ed era la figlia del Re. — Come avete fatto a trovarmi? — disse a Baciccin Tribordo.
— Andavo a pesca[6] di polpi, — disse Baciccin.
— È un polpo enorme che m'ha rapita e mi tiene prigioniera, — disse la figlia del Re. — Fuggite, prima che arrivi! Ma dovete sapere, che questo polpo per tre ore al giorno si trasforma in triglia, e allora è facile pescarla, ma bisogna ammazzarla subito perché altrimenti si trasforma in gabbiano e vola via.

Baciccin Tribordo si nascose sullo scoglio, lui e la barca. Dal mare uscí il polpo, ed era enorme e con ogni branca poteva fare il giro dell'isola, e s'agitava con tutte le sue ventose, perché aveva sentito che c'era un uomo sullo scoglio. Ma venne l'ora in cui doveva trasformarsi in pesce e tutt'a un tratto diventò triglia e sparí in mare. Allora Baciccin Tribordo gettò le reti e ogni volta che le tirava c'eran dentro muggini, storioni, dentici e alla fine apparve tutta sussultante, anche la triglia. Baciccin levò subito il remo per darle un colpo da ammazzarla, ma invece della triglia colpí il gabbiano che s'era levato a volo dalla rete, e la triglia non c'era piú. Il gabbiano non poteva volare perché il remo gli aveva rotto un'ala, allora si ritrasformò in polpo, ma aveva le branche tutte piene di ferite e buttava fuori un sangue nero. Baciccin gli fu sopra e lo finí a colpi di remo. La figlia del Re gli diede un anello col diamante in segno di perpetua gratitudine.

— Vieni, che ti porto da tuo padre, — disse lui, e la fece
salire nella barca. Ma la barca era piccola, ed erano in
mezzo al mare. Remarono, remarono, e videro lontano un
bastimento. Baciccin alzò in cima a un remo la veste della
figlia del Re. Dalla nave li videro e li presero a bordo. Era
la stessa nave da cui Baciccin era stato abbandonato. A
vederlo tornare con la figlia del Re il capitano cominciò a
dire: — O povero Baciccin Tribordo! E noi che ti credevamo
perduto, t'abbiamo tanto cercato! E tu hai trovato la figlia
del Re! Beviamo, festeggiamo la tua vittoria! — A Baciccin
Tribordo non sembrava vero,[7] tanto tempo era rimasto
senza assaggiare un goccio di vino.

Erano già quasi in vista del porto da cui erano partiti.
Il capitano fece bere Baciccin, e lui bevve, bevve fino a che
non cascò giú[8] ubriaco morto. Allora il capitano disse alla
figlia del Re: — Non direte mica a vostro padre che chi
v'ha liberato è quell'ubriacone! Dovete dirgli che vi ho
liberato io, perché io sono il capitano della nave, e quello
là è un mio uomo che ho comandato io di fare quel che ha
fatto.

La figlia del Re non disse né sí né no. — So io quel che
dirò, — rispondeva. E il capitano allora pensò di farla finita
una volta per tutte con Baciccin Tribordo. Quella stessa
notte lo presero, ubriaco com'era e lo buttarono in mare.
All'alba il bastimento arrivò in vista del porto; fecero
segnali con le bandiere che portavano la figlia del Re sana e
salva, e sul molo c'era la banda che suonava e il Re con tutta
la Corte.

Furono fissate le nozze della figlia del Re col capitano.
Il giorno delle nozze nel porto i marinai vedono uscire
dall'acqua un uomo coperto d'alghe verdi dalla testa ai piedi,
con pesci e granchiolini che gli uscivano dalle tasche e
dagli strappi del vestito. Era Baciccin Tribordo. Sale a
riva, e tutto parato d'alghe che gli coprono la testa e il
corpo e strascicano per terra, cammina per la città. Proprio in quel momento avanzava il corteo nuziale, e si trova
davanti l'uomo verde d'alghe. Il corteo si ferma. — Chi è
costui? — chiede il Re. — Arrestatelo! — S'avanzano le
guardie, ma Baciccin Tribordo alzò una mano e il diamante
dell'anello scintillò al sole.

— L'anello di mia figlia! — disse il Re.

— Sí, è questo il mio salvatore, — disse la figlia, — è questo il mio sposo.

Baciccin Tribordo raccontò la sua storia; il capitano fu arrestato. Verde d'alghe com'era si mise vicino alla sposa vestita di bianco e fu unito a lei in matrimonio.

(*Riviera ligure di ponente*).

24 Massaro Verità

C'era una volta un Re, che aveva una capra, un agnello, un montone e un manzo. Siccome a questo bestiame ci teneva molto,[1] soprattutto al manzo, voleva darli in mano soltanto a persona di fiducia. E la persona piú di fiducia che conoscesse era un contadino, che tutti chiamavano Massaro Verità, perché in vita sua non aveva mai detto una bugia. Il Re lo fece venire e gli affidò gli animali. — Ogni sabato, — gli disse, — verrai al palazzo a darmi conto di tutte le bestie —. Difatti, ogni sabato, Massaro Verità scendeva dalla montagna, si presentava al Re, si toglieva la berretta e diceva:

— Buon giorno a voi, Reale Maestà!
— Buon giorno a voi, Massaro Verità!
Com'è la capra?
— Bianca e ladra!
— Com'è l'agnello?
— Bianco e bello!
— Com'è il montone?
— Grasso e poltrone!
— Com'è il manzo?
— Grasso d'avanzo![2]

Il Re gli credeva sulla parola e dopo questa conversazione Massaro Verità se ne tornava sulla montagna.

Ma tra i ministri del Re ce n'era uno che vedeva con invidia il favore in cui il Re teneva il massaro, e un giorno disse al Re: — Possibile che quel vecchio massaro non sia proprio capace di dire bugie? Scommetto che sabato prossimo ve ne dice una.

— Se il mio massaro mi dice una bugia, sono pronto a rimetterci la testa![3] — esclamò il Re.

Cosí fecero la scommessa, e chi la perdeva doveva rimetterci la testa. Mancavano ormai tre giorni e il Ministro, piú ci pensava, e meno riusciva a trovare la via per far sí che[4] il sabato il massaro dicesse una bugia.

Ci pensò la mattina, ci pensò la sera, ci pensò la notte e sua moglie a vederlo cosí preoccupato, disse: — Che avete,[5] cos'è questo malumore?

— Lasciami in pace, — rispose lui, — ci mancherebbe che te lo dovessi anche raccontare![6]

Ma lei lo pregò cosí gentilmente che alla fine riuscí a farselo dire. — Oh, tutto lí? Ci penso io,[7] — fece.

Il mattino dopo la moglie del Ministro si mise i suoi vestiti piú belli, i piú ricchi gioielli, e una stella di diamanti in fronte. Poi salí in carrozza e si fece portare[8] alla montagna dove Massaro Verità faceva pascolare la capra, l'agnello, il montone e il manzo. Arrivata che fu,[9] scese di carrozza, si mise a guardare intorno. Il contadino, poveretto, a vedere una donna bella come non ne aveva mai vedute, era in un mare di confusione. Leva panche e metti sgabelli,[10] si faceva in quattro[11] per accoglierla meglio che poteva.[12]

— Oh, — disse lei, — caro massaro, me lo volete fare un piacere?

— Nobile signora, — lui rispose, — comandatemi. Quel che volete, lo farò.

— Vedete, sto aspettando un bambino, e ho una voglia di fegato di manzo arrostito, che se non me lo date io ci muoio.

— Nobile signora, — disse il massaro, — chiedetemi quel che volete, ma questa sola cosa non ve la posso concedere; infatti il manzo è del Re ed è la piú cara bestia che lui abbia.

— Povera me! — gemette la donna, — devo proprio morire se non mi togliete questa voglia. Massaro, caro massaro, fàllo per carità! Il Re non ne sa niente, e tu gli puoi dire che il manzo è caduto giú dalla montagna!

— No, questo non lo posso dire, — disse il massaro, — e neppure il fegato posso darvelo.

Allora la donna si mise a piangere, a lamentarsi, e si buttò in terra e sembrava davvero che stesse per morire. Era tanto bella, che il cuore del contadino s'intenerí: ammazzò il manzo, fece arrostire il fegato e glielo diede. La donna tutta allegra lo mangiò in due bocconi, si licenziò in fretta in fretta dal massaro e se ne andò via in carrozza.

Il povero massaro restò lí solo e gli pareva di avere una pietra sul petto: 'E ora che cosa andrò a dire al Re, sabato? Quando mi chiederà: — E com'è il manzo? — E io non potrò dirgli: — Grasso d'avanzo! —' Prese il suo bastone, lo piantò in terra e ci appese la sua mantellina; si mise lontano, poi si avvicinò di qualche passo, fece l'inchino, e cominciò rivolto al bastone:

— Buon giorno a voi, Reale Maestà!

E poi, facendo un po' la voce del Re un po' la voce sua:

— Buon giorno a voi, Massaro Verità!
Com'è la capra?
— Bianca e ladra!
— Com'è l'agnello?
— Bianco e bello!
— Com'è il montone?
— Grasso e poltrone!
— Com'è il manzo?

E lí restò senza parola. Cominciò a balbettare rivolto al bastone: — Reale Maestà ... L'ho portato a pascolare... e s'è sdirupato giú da una cima di montagna... e s'è ammaccato le ossa... e poi è morto... — E s'impappinò.

'No, — rifletté, — non glielo dico, questo, al Re, questo è menzogna!' Piantò il bastone in terra in un altro posto, ci riappese la mantellina, rifece tutta la scena, l'inchino, la conversazione, ma alla domanda: 'Com'è il manzo?' ricominciò a balbettare: — Maestà, me l'hanno rubato... i ladri...

Andò a letto, ma non riuscí a chiudere occhio. Alla mattina — era sabato — si mise in strada, a capo chino, sempre pensando a cosa dire al Re. A ogni albero che incontrava faceva l'inchino e diceva: — Buon giorno a voi, Reale Maestà! — e ricominciava il dialogo, ma non sapeva andare avanti. Alla fine, passa un albero, passa l'altro, gli venne in mente una risposta. 'Ecco questa è la risposta da dare!' Era tornato tutto allegro, e a ogni albero che incontrava faceva l'inchino e ripeteva tutta la conversazione fino a quest'ultima battuta e ogni volta la risposta gli piaceva ancora di piú.

Al palazzo, c'era il Re con tutta la Corte che l'aspettavano perché si decideva la scommessa. Massaro Verità si tolse la berretta e cominciò:

— Buon giorno a voi, Reale Maestà!
— Buon giorno a voi, Massaro Verità!
Com'è la capra?
— Bianca e ladra!
— Com'è l'agnello?
— Bianco e bello!
— Com'è il montone?
— Grasso e poltrone!
— Com'è il manzo?
— Reale Maestà,
Vi dirò la verità:
Venne una dama d'alto mondo
Bella di faccia, di fianco rotondo,
Di sue bellezze io m'innamorai
E il manzo per l'amore suo ammazzai.

Detto questo Massaro Verità chinò il capo e aggiunse:
— Ora, se mi volete mandare a morte, padrone, mandatemi; ma io ho detto la verità.

Il Re, per quanto addolorato[13] per la morte del manzo, si rallegrò d'aver vinto la scommessa e regalò un sacco di monete d'oro a Massaro Verità. Tutta la Corte si mise ad applaudire, tranne il Ministro, che dovette pagare la sua invidia[14] con la testa.

(*Catania*).

25 Il regalo del vento tramontano

Un contadino di nome Geppone abitava nel podere d'un Priore,[1] su per un colle[2] dove il vento tramontano distruggeva sempre frutti e piante. E il povero Geppone pativa la fame con tutta la famiglia. Un giorno si decide: — Voglio andare a cercare questo vento che mi perseguita —. Salutò moglie e figlioli e andò per le montagne.

Arrivato a Castel Ginevrino, picchiò alla porta. S'affacciò la moglie del Vento Tramontano. — Chi picchia?

— Son Geppone. Non c'è vostro marito?

— È andato a soffiare un po' tra i faggi e torna subito. Entrate ad aspettarlo in casa, — e Geppone entrò nel castello.

Dopo un'ora rincasò il Vento Tramontano. — Buon giorno, Vento.

— Chi sei?

— Sono Geppone.

— Cosa cerchi?

— Tutti gli anni mi porti via i raccolti, lo sai bene, e per colpa tua muoio di fame con tutta la famiglia.

— E perché sei venuto da me?

— Per chiederti, visto che m'hai fatto tanto male, che tu rimedi in qualche modo.

— E come posso?
— Son nelle tue mani.[3]

Il Vento Tramontano fu preso dalla carità del cuore per Geppone, e disse: — Piglia questa scatola, e quando avrai fame aprila, comanda quel che vuoi e sarai obbedito. Ma non darla a nessuno, che se la perdi non avrai piú niente.

Geppone ringraziò e partí. A metà strada, nel bosco, gli venne fame e sete. Aperse la scatola, disse: — Porta pane vino e companatico, — e la scatola gli buttò fuori un bel pane, una bottiglia e un prosciutto. Geppone fece una bella mangiata e bevuta lí nel bosco e ripartí.

Prima di casa trovò moglie e figlioli che gli erano venuti incontro: — Com'è andata? Com'è andata?

— Bene, bene, — fece lui e li ricondusse tutti a casa; — mettetevi a tavola —. Poi disse alla scatola: — Pane, vino e companatico per tutti, — e cosí fecero un bel pranzo tutti insieme. Finito di mangiare e bere, Geppone disse alla moglie: — Non lo dire al Priore che ho portato questa scatola. Se no gli prende voglia d'averla e me la soffia.

— Io, dir qualcosa? Dio me ne liberi!

Ecco che il Priore manda a chiamare la moglie di Geppone. — È tornato, tuo marito? Ah sí, e com'è andata? Bene, son contento. E che ha portato di bello? — E cosí, una parola dopo l'altra, gli cava fuori tutto il segreto.

Subito chiamò Geppone: — O Geppone, so che hai una scatola molto preziosa. Me la fai vedere? — Geppone voleva negare, ma ormai sua moglie aveva detto tutto, cosí mostrò la scatola e le sue virtú al prete.

— Geppone, — disse lui, — questa la devi dare a me.

— E io con cosa resto? — disse Geppone. — Lei sa che ho perso tutti i raccolti, e non ho di che mangiare.

— Se mi dài cotesta scatola, ti darò tutto il grano che vuoi, tutto il vino che vuoi, tutto quel che vuoi quanto ne vuoi.

Geppone, poveretto, acconsentí; e cosa gliene venne? Il Priore, grazie se gli diede qualche sacco di sementi grame. Era di nuovo allo stento e questo, bisogna dirlo, per colpa di sua moglie. — È per causa tua che ho perso la scatola, — le diceva, — e dire che il Vento Tramontano me l'aveva raccomandato, di non dirlo a nessuno. Ora, di ripresentarmi a lui non ho piú il coraggio.

Finalmente si fece animo, e partí per il castello. Bussò, s'affacciò la moglie del Vento. — Chi è?
— Geppone.

S'affacciò anche il Vento: — Cosa vuoi, Geppone?
— Ti ricordi la scatola che mi avevi dato? Me l'ha presa il padrone e non me la vuol rendere e a me tocca sempre[4] patire fame e stento.

— Te l'avevo detto di non darla a nessuno. Ora va' in pace, perché io non ti do piú niente.

— Per carità, solo tu puoi rimediarmi questa disgrazia.

Il Vento fu preso per la seconda volta dalla carità del cuore: tira fuori una scatola d'oro e gliela dà. — Questa non aprirla se non quando avrai una gran fame. Se no, non ti ubbidisce.

Geppone ringraziò, prese la scatola e via per quelle valli.[5] Quando non ne poté piú dalla fame, aperse la scatola e disse: — Provvedi.

Dalla scatola salta fuori un omaccione con un bastone in mano e comincia a menare bastonate al povero Geppone, fino a spaccargli le ossa.

Appena poté, Geppone richiuse la scatola e continuò la sua strada tutto pesto e acciaccato. Alla moglie e ai figli che gli erano venuti incontro per la strada a chiedergli com'era andata, disse: — Bene: ho portato una scatola piú bella dell'altra volta —. Li fece mettere a tavola e aperse la scatola d'oro. Stavolta vennero fuori non uno ma due omaccioni col bastone, e giú legnate.[6] La moglie e i figli gridavano misericordia, ma gli omaccioni non smisero finché Geppone non richiuse la scatola.

— Adesso va' dal padrone, — disse alla moglie, — e digli che ho portato una scatola assai piú bella di quell'altra.

La moglie andò e il Priore le fece le solite domande: — Che è tornato, Geppone? E cos'ha portato?

E lei: —Si figuri,[7] sor Priore, una scatola meglio dell'altra: tutta d'oro, e ci fa dei desinari già cucinati che sono una meraviglia. Ma questa non vuol darla a nessuno.

Il prete fece chiamare subito Geppone. — Oh, mi rallegro, Geppone, mi rallegro che sei tornato, e della nuova scatola. Fammela vedere.

— Sí, e poi voi mi pigliate anche questa.
— No, non te la piglio.

E Geppone gli mostrò la scatola tutta luccicante. Il prete
non stava piú in sé[8] dalla voglia. — Geppone dàlla a me, e io
ti rendo l'altra. Che vuoi fartene tu d'una scatola d'oro?
Ti do in cambio l'altra e poi qualcosa di giunta.[9]
 — Be', andiamo: mi renda l'altra e le do questa.
 — Affare fatto.[10]
 — Badi bene, sor Priore, questa non si deve aprire se
non s'ha una gran fame.
 — Mi va giusto bene,[11] — disse il Priore. — Domani ho
qui la visita del Titolare[12] e di molti altri preti. Li faccio
star digiuni fino a mezzogiorno, poi apro la scatola e gli
presento un gran desinare.

Alla mattina, dopo aver detto messa, tutti quei preti
cominciarono a girare intorno alla cucina del Priore.
— Stamane non vuol darci da mangiare, — dicevano, — qui il
fuoco è spento, e non si vedono provviste.

Ma quelli piú al corrente dicevano: — Vedrete, all'ora
di desinare, apre una scatola e fa venire tutto quel che
vuole.

Venne il Priore e li fece sedere per bene a tavola; e in
mezzo c'era la scatola, e tutti la guardavano con tanto
d'occhi.[13] Il Priore aperse la scatola e saltarono fuori sei
omaccioni armati di bastone, e giú botte da orbi[14] su quanti
preti erano lí intorno.[15] Al Priore, sotto quella gragnuola,
cadde la scatola di mano e restò aperta, e i sei continuavano
a picchiare. Geppone che s'era nascosto lí vicino accorse e
chiuse la scatola: se no tutti i preti restavano morti[16] dalle
bastonate. Questo fu il loro desinare, e pare che la sera non
potessero piú dire le funzioni. Geppone si tenne le due
scatole, non le prestò piú a nessuno, e fu sempre un signore.

(*Mugello*).

26 La testa della Maga

C'era una volta un Re che non aveva figlioli. Si raccoman-
dava sempre al cielo per averne uno, ma tutto era inutile.
Un giorno era andato a fare le sue preghiere solite, quando
sentí una voce: — Vuoi un maschio per morire o una femmina per fuggire?

Lui non sapeva cosa rispondere e stette zitto. Andò a casa, chiamò tutti i sudditi, e domandò cosa poteva rispondere. Gli dissero: — Se il maschio deve morire è lo stesso che non aver niente. Chieda la femmina: la chiuderà a chiave e non potrà fuggire.

Il Re tornò a far la preghiera e sentí la voce: — Vuoi un maschio per morire o una femmina per fuggire? — e rispose: — Una femmina per fuggire.

Ecco che la Regina dopo nove mesi diede alla luce una bellissima bambina. A molte miglia dalla città il Re aveva un gran giardino con un palazzo in mezzo; ci portò la bambina e la chiuse là con una balia. Padre e madre andavano di rado a trovarla perché non pensasse tanto alla città e non le venisse il pensiero di fuggire.

Quando la ragazza ebbe sedici anni,[1] passò di lí il figlio del Re Giona. La vide e s'innamorò: diede alla balia tanti di quei quattrini[2] finché questa non si decise a lasciarlo passare. I due giovani, presi d'amore l'un per l'altro, senza che i genitori ne sapessero niente, si sposarono.

Dopo nove mesi alla Principessa nacque un bellissimo bambino. Viene il padre a trovarla, incontra per prima la balia e le chiede come andava. La balia dice: — Benone, Altezza, si figuri che ha fatto un bambino! — Il Re non la volle piú vedere.

La sposa stava col marito e col figlio nel suo palazzo. Giunto all'età di quindici anni, il ragazzo, che non aveva mai visto suo nonno, dice alla madre: — Mamma, voglio andare a conoscere un po' mio nonno —. E la mamma gli rispose: — Va'.

S'alzò di buon'ora, prese un cavallo, molti quattrini, e via.

Il nonno non gli fece festa,[3] quasi non lo guardò in faccia e stette zitto. Dopo tre o quattro mesi, il giovanotto, addolorato di questa cattiva accoglienza, gli disse: — Perché ce l'ha con me,[4] nonno, che non mi parla? Me lo dica e io per lei andrei anche a tagliare la testa alla Maga.

E il nonno rispose: — Proprio quel che volevo, che tu andassi a tagliare la testa alla Maga.

Questa Maga era cosí spaventosa, che quanti la vedevano[5] diventavano statue, e il vecchio Re era sicuro che il nipote avrebbe fatto quella fine. Il giovane prese un buon cavallo, molti quattrini, e via.

La testa della Maga

Per strada incontrò un vecchietto, che gli chiese: — Dove vai, bel giovane?

— Dalla Maga, a tagliarle la testa, — lui rispose.

— Ah, caro mio! Ti ci vuole un cavallo che voli, perché devi passare una montagna piena di leoni e di tigri che ti mangerebbero in un boccone, te e il cavallo.

— Ma dove lo trovo un cavallo che voli?

— Aspetta che te lo trovo io, — disse il vecchietto. Sparí e tornò con un bellissimo cavallo che volava.

— Senti, — disse il vecchio, — la Maga non la puoi guardare in viso, se no resti impietrito. Devi guardarla in uno specchio. Questo specchio ora ti dico come devi fare per procurartelo. Cammina per di qua per un bel pezzo, e troverai un palazzo di marmo e un giardino di fiori di pesco. Ci saranno due cieche, che hanno solo un occhio in due.[6] Queste donne hanno lo specchio che ti serve.[7] La Maga sta in un prato pieno di fiori che solo l'odore basta ad incantarti; stacci attento. E guardala sempre nello specchio, se no diventi statua.

Col cavallo che volava poté sorpassare la montagna piena d'orsi, di tigri, di serpenti, che spiccarono balzi[8] per acchiapparlo, ma lui volava alto e non lo raggiunsero.

Dopo la montagna, cammina, cammina, vide di lontano un palazzo di marmo, e disse: — Dev'esser quello delle cieche —. Queste cieche avevano un solo occhio in due, che si passavano dall'una all'altra. Non si fidò a bussare.[9] Le cieche erano a pranzo ed egli andò passeggiando nel giardino. Quando, finito il pranzo, uscirono a spasso[10] nel giardino anche loro, s'arrampicò su una pianta perché non lo vedessero. Le cieche discorrevano tra loro. Una aveva l'occhio in mano e l'alzava intorno per guardare. — Oh, che bei palazzi nuovi ha fabbricato il Re! — diceva. E l'altra: — Dammelo un po' anche a me che veda qualcosa anch'io —. La prima le porse l'occhio, ma il giovane allungò una mano giú dall'albero e lo prese lui.

— Allora, non me lo dai? — diceva la cieca alla compagna. — Vuoi vedere tutto tu sola?

— E non te l'ho dato? — dice quella.

— No, che non me l'hai dato.

— Te l'ho dato in mano, ti dico.

Cosí presero a litigare, finché non si convinsero che né

l'una né l'altra aveva l'occhio. Allora dissero forte: — Vuol dire che c'è qualcuno nel giardino, che s'è preso il nostro occhio. Se c'è questo qualcuno ci faccia il piacere di rendercelo,[11] perché ne abbiamo uno solo in due. Chieda quel che vuole in cambio, e noi glielo daremo.

Allora il giovane scese dall'albero e disse: — L'ho preso io. Mi dovrebbero dare[12] lo specchio che loro hanno, perché devo andare a uccidere la Maga.

— Ben volentieri, — risposero le cieche, — ma bisogna che ci ridiate l'occhio, se no non possiamo trovare lo specchio, — e lui, garbatamente, lo rese. Le cieche gli portarono lo specchio, lui le ringraziò e riprese il viaggio.

Cammina cammina,[13] cominciò a sentir odor di fiori e piú andava avanti piú profumo sentiva. Arrivò a un bellissimo palazzo circondato da un prato pieno di fiori. La Maga era a spasso in questo prato. Lui s'era messo a cavallo a rovescio e la guardava solo nello specchio, dandole le spalle. La Maga, che era sicura del suo potere d'impietrire la gente, non scappò e non si difese. Lui le andò vicino sempre di schiena, gli occhi nello specchio, tirò un fendente[14] all'indietro con la spada e le tagliò la testa. Poi mise la testa in un sacco in modo da[15] non vederla piú. Ma dalla testa erano cascate due gocce di sangue che toccando terra si trasformarono in serpenti. Fortuna che il cavallo volava, cosí poté sfuggirli.

Al ritorno prese un'altra strade, e arrivò a una città dove c'era il porto di mare. Vicino al mare c'era una cappella; il giovane c'entrò e c'era una bellissima fanciulla vestita a lutto che piangeva. Al vedere il giovane, la fanciulla gridò: — Andate via, andate via! Ché se viene il Drago mangia anche voi! Io sono qui che l'aspetto, perché oggi deve mangiare me. Mangia una persona viva tutti i giorni, e oggi è toccato a me in sorte[16] d'essere mangiata.

Lui rispose: — No, no, bella ragazza, vi voglio liberare.

— Impossibile, — lei disse, — ammazzare un Drago come quello!

— Non abbiate paura, — disse il giovane, — salite sul mio cavallo, — e la prese in sella.

In quel momento, con gran sciacquío e frastuono, usciva il Drago dal mare. Il giovane, dopo aver detto alla fanciulla che chiudesse gli occhi, tirò la testa della Maga fuori dal sacco. Come[17] il Drago mise la testa fuori dalle onde, vide la testa della Maga, diventò una statua e colò a fondo.

La fanciulla era la figlia del Re e il Re gliela diede in sposa e gli disse che se si fermava nella sua città lo avrebbe incoronato. Ma il giovane lo ringraziò e disse che lui il suo Regno ce l'aveva già[18] e voleva ritornarci. Prese con sé la Principessa e per prima cosa andò dal nonno. Il nonno, che lo credeva morto, a vederlo tornare restò male.[19]

— Signor nonno, — disse il giovane, — non voleva che andassi a tagliare la testa alla Maga? Io ci sono andato e gliel'ho portata. Non ci crede?[20] Eccola qui.

La tirò fuori dal sacco e il nonno diventò una statua. Poi il giovane andò a trovare i genitori e tutti insieme tornarono nel Regno del nonno.

> E lí se ne stettero e se la godettero
> E a me nulla mi dettero.

(*Val d'Arno superiore*).

27 La potenza della felce maschio[1]

Il giovane piú fiero della Gallura era un bandito, che nemmeno la giustizia era riuscita mai a pigliare. Una notte dopo una festa, che le campagne erano silenziose, senza un segno di vita, il bandito, col fucile a tracolla, attraversava un campo dov'era posta una chiesa solitaria, quando d'improvviso da un cespuglio scappa un cinghiale e si dà a correre[2] intorno alla chiesa. L'uomo sta pronto, gli spara, l'ammazza.

Il sentiero continuava proprio innanzi la chiesa. Il bandito, giunto a poca distanza dalla porta, sentí venire dalla chiesa canti e risa. Si fermò ad ascoltare, e pensò: 'Con questo cinghiale, con tanta gente allegra, si potrebbe combinare una bella festicciola, e io potrei continuare il mio cammino domattina presto'. Cosí entrò nella chiesa, trascinandosi il cinghiale morto. — Un cinghiale per questa bella compagnia! — gridò, e tutta la gente radunata, uomini e donne diedero una gran risata e si misero a ballare in tondo[3] tenendosi per mano. Il bandito stava per tender loro

78 *Fiabe italiane*

le mani quando vide che erano tutti senza occhi, e capí che non era un ballo di vivi, ma di morti.

I morti, ballando sempre con grande allegria, cercavano di metterlo in mezzo al circolo, e un fantasma di donna, passandogli vicino gli disse: — Se vieni con me ti dirò dove crescono i tre fiori della felce maschio! — Il giovane voleva raggiungerla, perché sapeva cosa si dice dei tre fiori della felce maschio, che quando li si troveranno, nessuno piú morirà quando sarà colpito dal piombo. Ma uno dei morti in quel momento si staccò dalla schiera e gli venne vicino. Il bandito lo riconobbe: era un suo compare di battesimo.[4]

— Attento, compare mio, — disse il compare morto, — chi entra nella schiera dei morti non potrà uscirne piú, e se non fate di tutto[5] per uscirne, domani sarete anche voi coi morti. Ma io che v'ho dato la fede in vita, vi salverò dalla morte. Entrate pure a ballare con noi, ma sul piú bello cantate questi versi:

> Cantate e ballate voi
> Che ora la festa è la vostra.
> Quando verrà la nostra
> Cantiamo e balliamo noi.

Il bandito andò subito a raggiungere la donna che gli aveva promesso di svelargli il luogo della felce maschio, ed essa gli disse: — Chi vuole avere i tre fiori, deve andare il primo giorno d'agosto su fino alla svolta del fiume[6] dove non si sente mai canto di gallo, e a mezzanotte i tre fiori sbocceranno, e qualunque cosa si presenti, non bisogna avere mai paura, e coglierli.

— Li coglierò, — disse il bandito, — e nessuno morirà piú di piombo.

La donna morta rise: — No che non li coglierai! Perché ora sei nella schiera dei morti e starai sempre con noi, — e lo teneva per mano ballando.

Allora il bandito capí che era il momento dei versi che gli aveva insegnato il compare, e cantò:

> Cantate e ballate voi
> Che ora la festa è la vostra.
> Quando verrà la nostra
> Cantiamo e balliamo noi.

A udire quel canto tutti i morti si buttarono per terra gridando e dibattendosi. Il bandito fu svelto; corse alla porta, saltò sul cavallo e fuggí via. I morti già gli erano dietro a inseguirlo, ma non riuscirono ad acchiapparlo.

Il primo d'agosto il bandito si mise in cammino per andare al fiume. La notte era bella, ma a mezzanotte, tutt'a un tratto, si scatena una tempesta.[7] Grandine, lampi, tuoni, fulmini, lingue di fuoco; e lui, fermo, ad aspettare che sboccino i fiori. Ed ecco che alla luce d'un lampo, vede un fiore di felce maschio che sboccia, e lo coglie.

Allora si sentí un pesante galoppo e arrivarono a torme cinghiali e cervi e tori e vacche e animali di tutte le sorte, impazziti per la tempesta, e correvano contro l'uomo, e pareva ogni momento l'investissero. Ma lui stava a piè fermo[8] senza spaventarsi e sempre aspetta che sbocci il fiore. Quand'ecco che dietro gli altri animali viene un serpente e gli s'avvinghia alla caviglia e poi sale su su alla coscia, e a poco a poco lo stringe al collo e l'uomo si sente strangolare, ed è già all'estremo ma non si muove. Allora il serpente lo guarda negli occhi, manda un fischio stridente, e scompare. E il bandito vede che il secondo fiore è sbocciato e lo coglie.

Ora il bandito è contento, e pensa già d'aver liberato l'uomo dalla morte del piombo, e attende sicuro di sé lo sbocciare del terzo fiore ed ecco che, nel silenzio, sente rumori di cavalli, e frastuono di spari. Il bandito da principio sta fermo, poi vede apparire sul dorso del monte un drappello di carabinieri,[9] che punta su di lui[10] e dice: 'Proprio ora m'hanno scoperto i carabinieri, e non è ancora sbocciato il terzo fiore, e ancora di piombo si può morire!' Cosí si spaventa, mira sui carabinieri e spara una fucilata.

Subito, carabinieri e cavalli sparirono, e sparirono anche i fiori di felce maschio, e il terzo fiore non è mai sbocciato, peggio per l'anima dell'uomo che non ha resistito, e il piombo per conto suo[11] continua il suo cammino.

(Gallura).

28 Il linguaggio degli animali

Un ricco mercante aveva un figliolo a nome Bobo, sveglio d'ingegno[1] e con gran voglia d'imparare. Il padre lo affidò a un maestro assai dotto, perché gl'insegnasse tutte le lingue.

Finiti gli studi, Bobo tornò a casa e una sera passeggiava col padre pel giardino. Su un albero, gridavano i passeri: un cinguettío da assordare.[2] — Questi passeri mi rompono i timpani ogni sera, — disse il mercante tappandosi le orecchie

E Bobo: — Volete che vi spieghi cosa stanno dicendo?

Il padre lo guardò stupito. — Come vuoi sapere[3] cosa dicono i passeri? Sei forse un indovino?

— No, ma il maestro m'ha insegnato il linguaggio di tutti gli animali.

— Oh, li ho spesi bene i miei soldi! — disse il padre. — Cosa ha capito quel maestro? Io volevo che t'insegnasse le lingue che parlano gli uomini, non quelle delle bestie!

— Le lingue degli animali sono piú difficili, e il maestro ha voluto cominciare da quelle.

Il cane correva loro incontro abbaiando. E Bobo:
— Volete che vi spieghi cosa dice?

— No! Làsciami in pace col tuo linguaggio da bestie! Poveri soldi miei!

Passeggiavano lungo il fossato, e cantavano le rane.

— Anche le rane ci mancavano[4] a tenermi allegro...
— brontolava il padre.

— Padre, volete che vi spieghi... — cominciò Bobo.

— Va' al diavolo tu e chi t'ha insegnato!

E il padre, irato d'aver buttato via i quattrini per educare il figlio, e con l'idea che questa sapienza del linguaggio animale fosse una mala arte,[5] chiamò due servi e disse loro cosa dovevano fare l'indomani.

Alla mattina, Bobo fu svegliato, uno dei servi lo fece montare in carrozza e gli si sedette vicino; l'altro, a cassetta, frustò i cavalli e partirono al galoppo. Bobo non sapeva nulla di quel viaggio, ma vede che il servitore accanto a lui aveva gli occhi tristi e gonfi. — Dove andiamo? — gli chiese. — Perché sei cosí triste? — ma il servitore taceva.

Allora i cavalli cominciarono a nitrire, e Bobo capí che

dicevano: — Triste viaggio è il nostro, portiamo alla morte il padroncino.

E l'altro rispondeva: — Crudele è stato l'ordine di suo padre.

— Dunque, voi avete l'ordine da mio padre di portarmi a uccidere? — disse Bobo ai servitori.

I servitori trasalirono: — Come lo sapete? — chiesero.

— Me l'han detto i cavalli, — disse Bobo. — Allora uccidetemi subito. Perché farmi penare aspettando?

— Noi non abbiamo cuore di farlo, — dissero i servitori. — Pensiamo al modo di salvarvi.

In quella[6] li raggiunse abbaiando il cane, che era corso dietro la carrozza. E Bobo intese che diceva: — Per salvare il mio padroncino darei la mia vita!

— Se mio padre è crudele, — disse Bobo, — ci sono pure creature fedeli,[7] voi, miei cari servitori, e questo cane che si dice pronto a dar la vita per me.

— Allora, — dissero i servitori, — uccidiamo il cane, e portiamo il suo cuore al padrone. Voi, padroncino, fuggite.

Bobo abbracciò i servi e il cane fedele e se ne andò alla ventura. Alla sera giunse a una cascina e domandò ricovero ai contadini. Erano seduti a cena, quando dal cortile venne il latrare del cane. Bobo stette ad ascoltare alla finestra, poi disse: — Fate presto,[8] mandate a letto donne e figli, e voi armatevi fino ai denti e state in guardia. A mezzanotte verrà una masnada di malandrini ad assalirvi.

I contadini credevano che gli desse di volta il cervello.[9] — Ma come lo sapete? Chi ve l'ha detto?

— L'ho saputo dal cane che latrava per avvertirvi. Povera bestia, se non c'ero io avrebbe sprecato il fiato. Se m'ascoltate, siete salvi.

I contadini, coi fucili, si misero in agguato dietro una siepe. Le mogli e i figli si chiusero in casa. A mezzanotte s'ode un fischio, poi un altro, un altro ancora; poi un muoversi di gente. Dalla siepe uscí una scarica di piombo. I ladri si diedero alla fuga; due restarono secchi[10] nel fango, coi coltelli in mano.

A Bobo furono fatte grandi feste,[11] e i contadini volevano si fermasse con loro, ma lui prese commiato,[12] e continuò il suo viaggio.

Cammina cammina, a sera arriva a un'altra casa di

contadini. È incerto se bussare o non bussare, quando sente un gracidare di rane nel fosso. Sta ad ascoltare; dicevano: — Dài, passami l'ostia! A me! A me! Se non mi lanciate mai l'ostia a me, non gioco piú! Tu non la prendi e si rompe! L'abbiamo serbata intera per tanti anni! — S'avvicina e guarda: le rane giocavano a palla con un'ostia sacra. Bobo si fece il segno della croce.

— Sei anni, sono, ormai, che è qui nel fosso! — disse una rana:

— Da quando la figlia del contadino fu tentata dal demonio, e invece di far la comunione nascose in tasca l'ostia, e poi ritornando dalla chiesa, la buttò qui nel fosso.

Bobo bussò alla casa. L'invitarono a cena. Parlando col contadino, apprese che egli aveva una figlia, malata da sei anni, ma nessun medico sapeva di che malattia, e ormai era in fin di vita.

— Sfido! — disse Bobo. — È Dio che la punisce. Sei anni fa ha buttato nel fosso l'ostia sacra. Bisogna cercare quest'ostia, e poi farla comunicare devotamente; allora guarirà.

Il contadino trasecolò. — Ma da chi sapete tutte queste cose?

— Dalle rane, — disse Bobo.

Il contadino, pur senza capire,[13] frugò nel fosso, trovò l'ostia, fece comunicare la figlia, e lei guarí. Bobo non sapevano come compensarlo, ma lui non volle niente, prese commiato, e andò via.

Un giorno di gran caldo, trovò due uomini che riposavano all'ombra d'un castagno. Si sdraiò accanto a loro e chiese di far loro compagnia. Presero a discorrere: — Dove andate, voi due?

— A Roma, andiamo. Non sapete che è morto il Papa e si elegge il Papa nuovo?

Intanto, sui rami del castagno venne a posarsi un volo di passeri. — Anche questi passeri stanno andando a Roma, — disse Bobo.

— E come lo sapete? — chiesero quei due.

— Capisco il loro linguaggio, — disse Bobo. Tese l'orecchio, e poi: — Sapete cosa dicono?

— Cosa?

— Dicono che sarà eletto Papa uno di noi tre.

A quel tempo, per eleggere il Papa si lasciava libera una colomba che volasse nella piazza di San Pietro piena di gente. L'uomo sul cui capo si sarebbe posata la colomba, doveva essere eletto Papa. I tre arrivarono nella piazza gremita e si cacciarono in mezzo alla folla. La colomba volò, volò, e si posò sulla testa di Bobo.

In mezzo a canti e grida d'allegrezza fu issato sopra un trono e vestito d'abiti preziosi. S'alzò per benedire e nel silenzio che s'era fatto nella piazza s'udí un grido. Un vecchio era caduto a terra come morto. Accorse il nuovo Papa e nel vecchio riconobbe suo padre. Il rimorso l'aveva ucciso e fece appena in tempo[14] a chiedere perdono al figlio, per spirare poi tra le sue braccia.

Bobo gli perdonò, e fu uno dei migliori papi che ebbe mai la Chiesa.[15]

(*Mantova*).

29 Il palazzo delle scimmie

Una volta ci fu un Re che aveva due figli gemelli: Giovanni e Antonio. Siccome non si sapeva bene chi dei due fosse nato per primo, e in Corte c'erano pareri contrastanti, il Re non sapeva chi di loro far succedere nel regno.[1] E disse: — Per non far torto[2] a nessuno, andate per il mondo a cercar moglie, e quella delle vostre spose che mi farà il regalo piú bello e raro, il suo sposo erediterà la Corona.

I gemelli montarono a cavallo, e spronarono via uno per una strada uno per l'altra.

Dopo due giorni, Giovanni arrivò a una gran città. Conobbe la figliola d'un Marchese e le disse della questione del regalo. Lei gli diede una scatolina sigillata da portare al Re e fecero il fidanzamento ufficiale. Il Re tenne la scatolina senza aprirla, aspettando il regalo della sposa d'Antonio.

Antonio cavalcava cavalcava e non incontrava mai città. Era in un bosco folto, senza strade, che pareva non avesse mai fine e doveva farsi largo[3] tagliando i rami con la spada, quando a un tratto gli s'aperse davanti una radura,[4] e in fondo alla radura era un palazzo tutto di marmo, con le vet-

rate risplendenti. Antonio bussò, e chi gli aperse la porta?
Una scimmia. Era una scimmia in livrea da maggiordomo;
gli fece un inchino e lo invitò a entrare con un gesto della
mano. Due altre scimmie lo aiutarono a scender da cavallo,
presero il cavallo per la briglia e lo condussero alle scuderie. Lui entrò e salí una scala di marmo coperta di tappeti,
e sulla balaustra c'erano appollaiate tante scimmie, silenziose, che lo riverivano. Antonio entrò in una sala dove c'era
un tavolo apparecchiato per il gioco delle carte. Una scimmia lo invitò a sedere, altre scimmie si sedettero ai lati, e
Antonio cominciò a giocare a tresette con le scimmie. A
una cert'ora gli fecero cenno se voleva mangiare.[5] Lo condussero in sala da pranzo, e alla tavola imbandita servivano
scimmie col grembiule, e i convitati erano tutte scimmie coi
cappelli piumati. Poi l'accompagnarono con le fiaccole a una
camera da letto e lo lasciarono a dormire.

Antonio, sebbene allarmato e stupefatto, era tanto stanco
che s'addormentò. Ma sul piú bello, una voce lo svegliò, nel
buio, chiamando. — Antonio!

Il palazzo delle scimmie

— Chi mi chiama? — disse lui, rannicchiandosi nel letto.
— Antonio, cosa cercavi venendo fin qua?
— Cercavo una sposa che facesse al Re un regalo piú bello di quella di Giovanni, cosicché a me tocchi la Corona.[6]
— Se acconsenti a sposare me, Antonio, — disse la voce nel buio, — avrai il regalo piú bello e la Corona.
— Allora sposiamoci, — disse Antonio con un fil di voce.
— Bene: domani manda una lettera a tuo padre.

L'indomani Antonio scrisse al padre una lettera, che stava bene e sarebbe tornato con la sposa. La diede a una scimmia, che saltando da un albero all'altro arrivò alla Città Reale. Il Re, sebbene sorpreso dell'insolito messaggero, fu molto contento delle buone notizie e alloggiò la scimmia a Palazzo.

La notte dopo, Antonio fu di nuovo svegliato da una voce nel buio: — Antonio! Sei sempre del medesimo sentimento?[7]

E lui: — Sicuro che lo sono!

E la voce: — Bene! Domani manda un'altra lettera a tuo padre.

E l'indomani di nuovo Antonio scrisse al padre che stava bene e mandò la lettera con una scimmia. Il Re tenne anche questa scimmia a Palazzo.

Cosí ogni notte la voce domandava ad Antonio se non aveva cambiato parere, e gli diceva di scrivere a suo padre, e ogni giorno partiva una scimmia con una lettera per il Re. Questa storia durò per un mese[8] e la città reale, ormai, era piena di scimmie: scimmie sugli alberi, scimmie sui tetti, scimmie sui monumenti. I calzolai battevano i chiodi con una scimmia sulla spalla che gli faceva il verso, i chirurghi operavano con le scimmie che gli portavano via i coltelli e il filo per ricucire i malati, le signore andavano a spasso con una scimmia seduta sull'ombrellino. Il Re non sapeva piú come fare.

Passato un mese, la voce nel buio finalmente disse: — Domani andremo assieme dal Re e ci sposeremo.

La mattina, Antonio scese e alla porta c'era una bellissima carrozza con una scimmia cocchiere montata in serpa e due scimmie lacchè aggrappate dietro. E dentro la carrozza, su cuscini di velluto, tutta ingioiellata, con una grand'acconciatura di piume di struzzo, chi è che c'era? Una scimmia. Antonio si sedette al suo fianco e la carrozza partí.

All'arrivo alla città del Re, la gente fece ala[9] a quella carrozza mai vista e tutti stavano sbigottiti dalla meraviglia a vedere il principe Antonio che aveva preso in sposa una scimmia. E tutti guardavano il Re che stava ad aspettare il figlio sulle scale del Palazzo, per vedere che faccia avrebbe fatto.[10] Il Re non era Re per niente: non batté ciglio, come se lo sposare una scimmia fosse la cosa piú naturale del mondo. Disse soltanto: — L'ha scelta, la deve sposare. Parola di Re è parola di Re, — e prese dalle mani della scimmia uno scatolino sigillato come quello della cognata. Gli scatolini si sarebbero aperti l'indomani, giorno delle nozze. La scimmia fu accompagnata nella sua stanza e volle esser lasciata sola.

L'indomani Antonio andò a prendere la sposa. Entrò e la scimmia era allo specchio che si provava l'abito da sposa. Disse: — Guarda se ti piaccio, — e cosí dicendo si voltò. Antonio restò senza parola: da scimmia che era voltandosi s'era trasformata in una ragazza bella, bionda, alta e benportante che era un piacere a vederla. Si fregò gli occhi, perché non riusciva a crederci, ma lei disse: — Sí, sono proprio io la vostra sposa — . E si buttarono l'uno nelle braccia dell'altro.

Fuori del palazzo c'era tutta la folla venuta per vedere il Principe Antonio che sposava la scimmia, e quando invece lo videro uscire al braccio d'una cosí bella creatura, restarono a bocca aperta. Piú in là lungo la strada facevano ala tutte le scimmie, sui rami, sui tetti e sui davanzali. Quando passò la coppia reale ogni scimmia fece un giro su se stessa e in quel giro tutte si trasformarono: chi in dama col manto e lo strascico, chi in cavaliere col cappello piumato e lo spadino, chi in frate, chi in contadino, chi in paggio. E tutti fecero corteo alla coppia che andava a unirsi in matrimonio.

Il Re aprí gli scatolini dei regali. Aprí quello della sposa di Giovànni e c'era dentro un uccellino vivo che volava, che era proprio un miracolo potesse esser stato chiuso lí tutto quel tempo; l'uccellino aveva nel becco una noce, e dentro alla noce c'era un fiocco d'oro.

Aperse lo scatolino della moglie di Antonio e c'era un uccellino vivo pure lí,[11] e l'uccellino aveva in bocca una lucertola che non si sapeva come facesse a starci,[12] e la lucertola aveva in bocca una nocciola che non si sapeva come ci entrasse, e aperta la nocciola c'era dentro tutto piegato per bene un tulle ricamato di cento braccia.

Già il Re stava per proclamare suo erede Antonio, e Giovanni aveva già la faccia scura, ma la sposa d'Antonio disse: — Antonio non ha bisogno del regno di suo padre, perché ha già il regno che gli porto io in dote, e che lui sposandomi ha liberato dall'incantesimo che ci aveva fatto scimmie tutti quanti! — E tutto il popolo di scimmie tornate esseri umani[13] acclamarono Antonio loro Re. Giovanni ereditò il Regno del padre e vissero di pace e d'accordo.

> Cosí stettero e godettero
> Ed a me nulla mi dettero.

(*Montale Pistoiese*).

30 Salta nel mio sacco!

Nelle montagne del Niolo, pelate e grame, tanto tanto tempo fa viveva un padre con dodici figli. C'era carestia, e il padre disse: — Figli, pane da darvi non ne ho piú, andatevene per il mondo, da vivere meglio[1] che a casa troverete certo.

Gli undici figli maggiori già si disponevano ad andare, quando il dodicesimo, il piú piccino, che era zoppo, si mise a piangere. —E io che sono zoppo, come farò a guadagnarmi da vivere?

E il padre: — Bambino mio, non piangere, andrai coi tuoi undici fratelli e quel che troveranno loro sarà anche tuo.

Cosí i dodici promisero non lasciarsi[2] mai, e partirono. Camminarono un giorno, due giorni, e lo zoppetto restava sempre indietro. Al terzo giorno, il maggiore disse: — Questo nostro fratellino Francesco che resta sempre indietro è un bell'impiccio per noialtri! Lasciamolo per la strada: sarà anche meglio per lui perché troverà qualche anima buona che ne avrà pietà.

Cosí non si fermarono piú ad aspettarlo e continuarono la loro strada, domandando l'elemosina a tutti quelli che incontravano, finché non fecero ingresso a Bonifacio.

A Bonifacio c'era una barca attaccata al molo. — E se

salissimo in barca e ce ne andassimo in Sardegna? — disse il maggiore. — Forse laggiú c'è meno fame che da noi!

I fratelli salirono in barca, e salparono. Quando furono in mezzo allo stretto si levò una burrasca cosí grossa che la barca andò in mille pezzi contro gli scogli e i fratelli annegarono tutti e undici.

Intanto Francesco lo Zoppetto, stanco morto e disperato, non trovando piú i fratelli aveva gridato, aveva pianto, e poi s'era addormentato sul ciglio della strada. La Fata di quel posto, dalla cima d'un albero, aveva visto e sentito tutto. Appena Francesco si fu addormentato, scese dall'albero, andò a cogliere certe erbe che sapeva lei, ne fece un impiastro, glielo mise sulla gamba zoppa, c la gamba da zoppa divenne sana. Poi ella prese l'aspetto[3] d'una povera vecchina e si sedette su di una fascina aspettando che Francesco si svegliasse.

Francesco si svegliò, si tirò su, fece per riprendere[4] il cammino zoppicando e s'accorse che non zoppicava piú ma camminava come gli altri. Vide la vecchina seduta lí e le chiese: — Signora, avete per caso visto un dottore?

— Un dottore? E che vuoi fare d'un dottore?[5]

— Voglio ringraziarlo. Sí, dev'essere passato un gran dottore, che m'ha guarita la gamba zoppa mentre dormivo.

— Chi t'ha guarito la gamba zoppa sono io,[6] — disse la vecchina. — Perché io conosco tutte le erbe, e anche l'erba che guarisce le gambe zoppe.

Francesco, tutto felice, saltò al collo della vecchina e la baciò su tutt'e due le guance. — Come posso provarti la mia riconoscenza, nonna? Dammi questa fascina che te la porto io.

Si chinò per sollevare la fascina, ma quando si levò, al posto della vecchia c'era la piú bella giovane che si possa immaginare, tutta luccicante di diamanti, coi capelli biondi che le coprivano le spalle, la veste di seta turchina ricamata d'oro e due stelle di pietre preziose sugli stivaletti. Francesco, a bocca aperta, cadde ai piedi della Fata.

— Alzati, — ella disse. — Ho visto che non sei ingrato, e ti aiuterò. Di' due desideri e io li esaudirò subito. Sappi che sono la Regina delle Fate del Lago di Creno.

Il ragazzo ci pensò un po' su,[7] e poi rispose: — Desidero

un sacco nel quale vada a finire dentro[8] ogni cosa al mio comando.

— E un sacco cosí[9] avrai. Ti resta ancora un desiderio.

— Desidero un bastone che faccia tutto quel che comando io.

La Fata disse: — E un bastone cosí avrai, — e sparí. Ai piedi di Francesco c'erano un sacco ed un bastone.

Tutto felice, il ragazzo volle far la prova. Dato che aveva fame, gridò: — Che una pernice arrosto entri nel mio sacco! — E, pam!, una pernice già arrostita voló dentro il sacco. — Che c'entri del pane! — E, pam!, un pane entrò nel sacco. — Che c'entri un fiasco di vino! — E, pam!, il fiasco di vino. Francesco fece un pranzo coi fiocchi.[10]

Poi si rimise per via, senza piú zoppicare, e l'indomani si trovò a Mariana.[11] A Mariana si davano convegno[12] tutti i piú gran giocatori della Corsica e del Continente. Francesco era senza un soldo, e comandò: — Centomila scudi nel mio sacco! — E il sacco si riempí di scudi. In un baleno, si sparse per Mariana la voce che era arrivato il Principe di Santo Francesco, famoso per le sue ricchezze.

Bisogna sapere che a quel tempo il Diavolo prediligeva la città di Mariana. Sotto forma d'un bel giovanotto, vinceva tutti alle carte, e quando i giocatori erano rimasti senza un soldo, comprava le loro anime. Saputo di questo[13] ricco forestiero che si faceva chiamare Principe di Santo Francèsco, il Diavolo, travestito, l'andò subito a trovare. — Signor Principe, scusatemi se ho l'ardire di presentarmi davanti a voi, ma la vostra fama di giocatore è tanto grande, che non ho resistito al desiderio di venire a farvi visita.

— Voi mi confondete, — disse Francesco. — A dir la verità, non so giocare a nessun gioco, anzi non ho mai preso in mano un mazzo di carte. Però, qualche partita con voi, cosí per imparare,[14] mi piacerebbe farla, e son certo che alla vostra scuola non tarderò a farmi esperto.

Il Diavolo era tanto soddisfatto della visita che, accomiatandosi, non stette bene attento[15] e facendo la riverenza allungò una gamba e mostrò il piede di caprone. 'Ah, ah! — disse tra sé Francesco. — Questo è zio Satana che mi è venuto a far visita. Bene! Troverà pane per i suoi denti!'[16] E, rimasto solo, comandò al sacco una bella cena.

L'indomani, Francesco andò alla casa da gioco. C'era un gran trambusto e tutta la gente s'affollava in un punto. Francesco si fece largo[17] e vide per terra il corpo d'un giovane col petto insanguinato. — È un giocatore che ha perduto tutta la sua fortuna, — gli spiegarono, — e s'è piantato un pugnale nel cuore proprio adesso.

Tutti i giocatori erano tristi in volto. Solo uno in mezzo a loro, s'accorse Francesco, rideva sotto i baffi. E Francesco riconobbe il Diavolo che era venuto a fargli visita.

— Presto! — disse il Diavolo. — Portiamo via questo disgraziato, e riprendiamo il gioco! — E tutti ripresero le carte.

Francesco, che non sapeva neanche tener le carte in mano, quel giorno perdette tutto quel che aveva con sé. Il secondo giorno, aveva già imparato un po' a giocare, e perdette piú ancora del primo. Il terzo giorno s'era ormai fatto esperto, e perdette tanto che tutti lo credevano rovinato. Ma per lui non era niente, perché non aveva che da comandare al suo sacco, e ci trovava dentro tutto l'oro che gli serviva.[18]

Perse tanto che il Diavolo si disse: 'Ormai, fosse pure[19] l'uomo piú ricco del mondo, è certo rimasto sul lastrico'.[20] Lo prese da parte e gli disse: — Signor Principe, non so dirvi quanto mi duole la mala sorte[21] che s'è abbattuta su di voi. Ma ho una buona notizia da darvi: se mi date retta, posso farvi recuperare la metà di quel che avete perso!

— E come?

Il Diavolo si guardò intorno, poi gli sussurrò: — Vendetemi l'anima!

— Ah sí! — gridò Francesco. — E questo il consiglio che mi dài, Satana? Ebbene, salta nel mio sacco!

Il Diavolo ghignò e fece per scappare, ma non c'era verso:[22] finí a capofitto dentro la bocca del sacco spalancata. Francesco chiuse il sacco e disse al bastone: —Batti qua sopra![23]

E il bastone, giú botte! Il Diavolo, dentro il sacco, si dimenava, piangeva, imprecava. — Lasciami uscire! Ferma o muoio!

— Ah sí? Muori? E credi che sarebbe un male? — E il bastone, giú botte.

Dopo tre ore di quella gragnuola, — Basta cosí, — disse Francesco, — per oggi, almeno.

Salta nel mio sacco! 91

— Cosa vuoi per ridarmi la libertà? — chiese il Diavolo con un fil di voce.

— Senti bene: se rivuoi la libertà devi risuscitare subito tutti quelli che si sono ammazzati per colpa tua[24] nella casa da gioco!

— Te lo giuro! — disse il Diavolo.

— Esci, allora: ma ricòrdati che posso riacciuffarti quando voglio.

Il Diavolo si guardò bene dal mancar di parola;[25] sparí sottoterra e di lí a poco[26] da sottoterra saltò fuori una folla di giovani pallidi in faccia, con gli occhi febbricitanti. — Amici miei, — disse loro Francesco, — voi vi siete rovinati al gioco e per la disperazione vi siete ammazzati. Io ora ho avuto la possibilità di risuscitarvi, ma un'altra volta non so se ci riuscirei. Ditemi, promettete di non giocare piú, se vi lascio in vita?

— Sí, sí, lo giuriamo!

— Bene, allora eccovi mille scudi per ciascuno. Andate, e guadagnatevi il pane lavorando.

I giovani risuscitati partirono tutti felici; chi fece ritorno alla famiglia in lutto, e chi si mise in giro per il mondo perché la sua mala condotta passata aveva fatto morire di crepacuore i genitori.

Anche a Francesco venne il pensiero del suo vecchio padre. Si mise in strada per tornare al suo paese, ma per via incontrò un ragazzo che si torceva le mani dalla disperazione.

— Be', giovanotto, di professione fai il fabbricante di smorfie? — chiese Francesco, che era allegro. — E a quanto le vendi, la dozzina?

— Io non ho voglia di ridere, signore, — rispose il ragazzo.

— Cosa c'è che non va?[27]

— Mio padre fa il taglialegna[28] ed è l'unico sostegno della famiglia. Stamattina è caduto d'in cima a un castagno e s'è rotto un braccio. Sono corso in città a chiamare il medico; ma il medico sa che siamo poveri e non s'è voluto disturbare.

— Tutto qui? Sta' tranquillo. Ci penso io.

— Siete medico?

— No, farò venire quello là. Come si chiama?

— Dottor Pancrazio.

— Bene! Dottor Pancrazio, salta nel mio sacco!

E nel sacco piombò a capofitto un medico, con tutti i suoi strumenti.

— Bastone, batti qua sopra! — E il bastone cominciò la sua danza.

— Aiuto! Pietà!

— Prometti di curare gratis il taglialegna?

— Prometto tutto quel che volete.

— Esci dal sacco, allora —. E il medico corse al capezzale del taglialegna.

Francesco riprese il cammino e dopo qualche giorno arrivò al suo paese, dove si pativa piú fame di prima. A forza di comandare:[29] 'Un pollo allo spiedo salti nel mio sacco!', 'Un fiasco di vino salti nel mio sacco!', Francesco riuscí a metter su[30] una locanda dove tutti potevano togliersi l'appetito senza pagare un soldo.

Cosí durò finché durò la carestia. Quando ritornò l'abbondanza, Francesco non volle dar piú niente a nessuno, perché sarebbe stato come incoraggiare la pigrizia.

Credete che ora lui fosse felice? Macché! Era triste di non saper piú nulla dei suoi undici fratelli; ormai aveva loro perdonato la cattiva azione d'averlo abbandonato solo e zoppo. E cosí provò a dire: — Giovanni mio fratello, salta nel mio sacco!

Qualcosa si scosse dentro il sacco. Francesco aprí e guardò: era un mucchio d'ossa.

— Paolo mio fratello, salta nel mio sacco!

Un altro mucchio d'ossa.

— Pietro mio fratello, salta nel mio sacco! — E continuò a chiamarli fino all'undicesimo, e ogni volta, ahimè, non trovava nel sacco che un mucchietto d'ossa mezzo rosicchiate. Non c'era dubbio: i suoi fratelli erano morti tutti da un pezzo.

Francesco era triste. Anche suo padre morí, e rimase solo. Ed anche a lui toccò di venir vecchio.

L'unico desiderio che aveva, prima di morire, era di rivedere la Fata del Lago di Creno che l'aveva reso tanto fortunato. Cosí si mise in cammino e arrivò nel posto in cui l'aveva incontrata per la prima volta. Si mise ad aspettarla, ma aspetta aspetta, la Fata non veniva. — Dove sei, buona Regina?

supplicava lui. — Mostrati ancora una volta! Non voglio morire senz'averti rivista!

Era scesa la notte. Della Fata non s'era vista traccia. Invece, per quella via, passò la Morte. In una mano teneva una bandiera nera, e nell'altra la falce. S'avvicinò a Francesco: — Ebbene, vecchio, non sei ancora stanco della vita? Non ne hai percorso abbastanza di monti e di valli? Non è tempo che tu faccia come tutti e te ne venga con me?

— O Morte! — rispose il vecchio Francesco, — io ti benedico! Sí, di mondo ne ho visto abbastanza, e anche di tutto quel che il mondo contiene; mi sono saziato d'ogni cosa. Ma prima di venire con te, ho bisogno di dire addio a una persona. Dammi un giorno di tempo.

— Di' le tue preghiere, piuttosto, se non vuoi morire come un saracino, e poi spicciati a venirmi dietro.

— Ti supplico, aspetta fino al mattino, finché non canti il gallo.[31]

— No.

— Un'ora, via.

— Neanche un minuto.

— Allora, visto che sei cosí crudele, salta nel mio sacco!

La Morte tremò, tutte le sue ossa batterono l'una contro l'altra, ma non poté fare a meno[32] di saltare nel sacco. Nello stesso istante, apparve la Regina delle Fate, splendente e giovane come quella volta. — Fata, — disse Francesco, — ti ringrazio! — E alla Morte: — Salta fuori dal sacco, e attendimi.

— Tu non hai abusato del potere che t'avevo dato, Francesco, — disse la Fata. — Il tuo sacco e il tuo bastone t'hanno servito per fare il bene. Voglio compensarti. Dimmi cosa desideri.

— Non desidero piú niente.

— Vuoi essere 'caporale'[33]?

— No.

— Vuoi essere re?

— Non voglio piú nulla.

— Vecchio, vuoi la salute, la giovinezza?

— T'ho vista. Muoio contento.

— Addio, Francesco. Brucia il sacco e il bastone, prima —. E la Fata sparí.

Il buon Francesco accese un gran fuoco, si riscaldò un

momento le membra ghiacciate, buttò nella fiamma il sacco e il bastone, perché nessuno ne facesse uso cattivo.

La Morte era lí, dietro un cespuglio. — Cu-cu-ia-cú! Cu-cu-ia-cú! — cantò il primo gallo.

Francesco non sentí. L'età l'aveva fatto sordo.

— È il gallo! — disse la Morte, e colpí il vecchio con la falce, e sparí portandosi dietro il suo cadavere.

(*Corsica*).

Notes and exercises

Abbreviations used in the notes and vocabulary

adj.	adjective
adv.	adverb
coll.	colloquial
cond.	conditional
dial.	dialect, dialectal
dim.	diminutive
f.	feminine
fig.	figuratively
fut.	future
hist.	historical
idiom.	idiomatic
imp.	imperative
interj.	interjection
lit.	literally
m.	masculine
n.	noun
p.	page
p.def.	past definite
p.part.	past participle
pl.	plural
pres.	present
sing.	singular
subj.	subjunctive

NOTES

In the introductory notes to each story the quoted comments are taken from I. Calvino's introduction to the *Fiabe italiane* (Einaudi, 1956).

1 Giovannin senza paura

A story known all over Italy without much variation in form; it is placed first in Calvino's collection.

'It is', he writes, 'one of the simplest stories and, for me, one of the finest. Unruffled as its imperturbable hero, it stands out from the innumerable *storie di paure* based on dead people and spirits, because of the tranquil firmness it shows towards the supernatural, accepting anything as possible but not overawed by the unknown.'

96 *Fiabe italiane*

Calvino's ending comes from a Sienese version. An alternative appears in the notes: *A Giovannino dànno un unguento per riappiccicare le teste tagliate; lui si taglia la sua e la riappiccica all'incontrario; si vede il didietro e ne prende tanta paura che ne muore.*

Students are advised to study in advance the following irregular verb forms, which appear in the story: **dire, aprire, rispondere, bere, succedere, venire, rimanere, mettere, vedere** (p.def.), **rompere** (p.part.).

1 **C'era una volta...**: Once upon a time there was...
2 **Qui posto non ce n'è**: There's no room here. The *n'* (*ne*) is one of the many superfluous or 'pleonastic' object pronouns which occur in Italian, especially in spoken and idiomatic usage.
3 **ci si sente**: it's haunted (*lit.* things are heard there).
4 **la Compagnia**, i.e. *la Compagnia della misericordia*, the Misericordia guild in Tuscany, engaged in works of mercy, especially the taking away of the dead in preparation for burial.
5 **a prendere chi ha avuto il coraggio**: to get the one who has had the courage. Note this use of *chi*.
6 **Figuratevi**: Just imagine.
7 **si mise a fischiettare**: he began to whistle. This use of *mettersi a fare* is very frequent in the *Fiabe*.
8 **Alzala**: this is the familiar imperative of *alzare*, with direct object pronoun.
9 **come fosse stata**: as if it had been (*fosse* is the past subjunctive of *essere*). The word *se* (if) is often left out in such cases.
10 **Gli si staccò una gamba**: a leg came off him. *Gli* (*a lui*) here means 'from him' — a very common form.
11 **Perché dei padroni...la stirpe.** This sentence is turned around to make it sound more impressive. Read: *Perché la stirpe dei padroni di questo palazzo è perduto ormai per sempre.*
12 **Finché un giorno non gli successe**: until one day it happened (to him)...*Non* is often used after *finché*; it is quite superfluous.

Exercises:
A. Answer the following questions:
    1 Che cosa ha fatto Giovannino nella locanda?
    2 Perché non poteva rimanere nella locanda?
    3 Perché la Compagnia ci va la mattina seguente?
    4 Descrivete tutte le cose che sono cascate dal camino.
    5 Dove sono andati Giovannino e l'omone?
    6 Perché l'incanto è rotto?
    7 Dove è andato l'omone, alla fine?
    8 Che sorpresa aspettava la compagnia?
    9 Come è morto Giovannino alla fine?

B. There are at least seven words with suffixes in this story. Find them and list them with translations, with and without the suffixes.
C. Identify at least nine different imperatives in the story. Give the corresponding infinitives, and state whether each imperative is polite or familiar.
D. Study the following irregular verbs for the next story: **correre, accorgersi, sapere, rimanere, dare, nascondere** (p.def. and p.part.).

2   La ragazza mela

La ragazza mela comes from a nineteenth-century collection of stories transcribed in dialect directly from popular sources—in this case a Florentine woman called Raffaella Dreini. The 'secret' of this tale, writes Calvino, lies in its metaphorical element: '... the image of freshness in the apple and the girl (with an almost surrealistic note in this apple that bleeds)'.

The story has a strong Tuscan flavour, in its use of language and in its view of society. The two neighbouring kings belong to a land which in fact, as Calvino writes, 'has never known kings... "king" is a generic word which does not imply any institutional idea but merely indicates wealth; one says *quel re* as one would say *quel signore*, without suggesting any regal attributes; there is no idea of a Court, no aristocratic hierarchy, not even a territorial State. Thus we may find one king living next door to another king, watching each other through the windows and calling on each other like two good bourgeois townspeople.'

For contrast see the Sicilian tales (e.g. *La sorella del conte, Cola Pesce*) where the king's power and accoutrements reflect the historical experience of a region where kings were quite real.

1   **cosí come il melo fa le mele**: as the apple tree makes (bears) apples. Notice that fruit trees are normally masculine, fruits feminine: *il melo fa la mela; il pero, la pera; il pesco, la pesca*, etc. Exception: *il fico* (the fig tree), *il fico* (the fig).
2   **In faccia a questo Re**: Across the way from this king.
3   **affacciato alla finestra**: looking out the window.
4   **avrei da chiederle un favore**: I'd like to ask a favour.
5   **Se si può essere utili**: If one can be of use. Notice the plural adjective form (*utili*) following the impersonal verb.
6   **ho sospirato tanto perché mi nascesse**: I sighed so much for it to be born. *Nascesse* is the past subjunctive of *nascere*. Students not yet familiar with this tense should note here that it is always characterised by the double *s* in the ending (*-asse, -esse,*

-isse). Detailed study of its use is not essential for understanding the *Fiabe*. *Perché*, when followed by the subjunctive, means 'so that',

7 **se ne sta:** stays there. The idiomatic *se ne* here adds nothing to the meaning.
8 **fa' che non le manchi niente:** see to it that she lacks for nothing. *Manchi* is the present subjunctive of *mancare*.
9 **Guarda che poi lei mi racconta tutto:** Mark you, afterwards she'll tell me everything. In spoken Italian the present tense is often used to indicate the future.
10 **Se le fosse torto un capello...ne va della tua testa:** If a hair of her head is harmed (*lit.* twisted), it will be the end of you.
11 **si diede da fare:** she got busy
12 **fece mettere dell'oppio nel vino:** she had some opium put in the wine. Note the use of *fare* with the infinitive for 'to have something done'.
13 **si mise paura:** she was frightened (*coll.*).
14 **m'ha preso a stilettate:** stabbed me all over.
15 **E lí se ne stiedero e si godiedero:** and there they stayed and enjoyed themselves. *Stiedero* and *godiedero* are dialect forms of *stettero* (p.def.of *stare*) and *godettero* (p.def.of *godere*). Such short verses — the storyteller's farewell, with or without a hint at payment, concludes many of the tales in this collection.

Exercises:
A. Retell the story from the point of view of the bridegroom, beginning: *Un giorno che stavo affacciato alla finestra...* Note: in this and similar exercises to follow, keep very closely to the narrative sequence and vocabulary of the story, making only necessary changes.
B. Answer the following questions:
    1 Che cosa nacque alla Regina invece di un figlio?
    2 Cosa vide l'altro re dalla finestra?
    3 Perché andò a bussare al palazzo di fronte?
    4 Perché la Regina non voleva dargli la mela?
    5 Perché gliela diede alla fine?
    6 Cosa fece il Re con la mela?
    7 Perché si insospettí la matrigna?
    8 Perché dovette partire il Re?
    9 Come fece la matrigna ad entrare nella camera?
    10 Perché scappò la matrigna?
    11 Come fece il servitore a curare la ragazza?
    12 Come finisce la fiaba?
C. Study the following irregular verbs for the next story:
prendere, stare, muoversi (p.def.)

3 La scienza della fiacca

This tale was taken from a recent collection in Triestine dialect. Its original title—*Figo caschime in boca!*—is, as Calvino says in his Notes, 'A proverbial Triestine joke, linked with a very old story theme — the laziness-contest — and the tradition of making fun of the languid ways of the Middle East'. In this story, he adds, 'with the slightest means — that sunny orchard shaded by fig trees, those cushions, that slowness of movement — a whole landscape is evoked.'

1. **gli voleva piú bene che alla luce degli occhi**: he loved him more than the light of his eyes (*voler bene a:* to love).
2. **battere la fiacca**: to loaf.
3. **stava di casa**: lived, dwelt.
4. **non aveva fatto che quello che non poteva farne a meno**: he had done no more than he absolutely had to (*lit.*: had done nothing but what he could not help doing).
5. **a occhi chiusi; a bocca aperta**: with his eyes closed; with his mouth open.
6. **a portata di mano**: within arm's reach.
7. **pian piano; pian pianino**: very slowly and gradually. This idiomatic doubled adjective or adverb is very common.
8. **il professore che ci vuole**: lit. the teacher who is needed.
9. **Omo** (*dial.*): *uomo*
10. **con un fil di voce**: in a tiny voice (*filo:* thread).
11. **mi stanco ad ascoltarti**: I get tired listening to you. Note the idiomatic uses of *a* here and in note 5 above.
12. **gli ficcò sotto braccio; gli cascò in bocca**: shoved under his arm; fell into his mouth. Note the difference between the Italian and English structures.
13. **un po' piú in là**: a bit further away.
14. **quanto la sapeva lunga lo scolaro**: how clever the scholar was.

Exercises:

A. Answer the following questions:
1. Quanti figli aveva il vecchio Turco?
2. Cosa pensano i Turchi del lavoro?
3. Perché il professore era rispettato da tutti?
4. Perché il Turco si nascose dietro la siepe?
5. Perché il padre era contento del professore?
6. Perché il figlio era piú bravo del professore?

B. Rewrite in the present tense the paragraph beginning *Il ragazzo, che...*

C. Retell the first half of the story from the point of view of the father, beginning: *Ho un solo figliolo...*

D. Study the following irregular verbs for the next story: **cogliere, porgere, mordere, cadere** (p.def.)

4 Il bambino nel sacco

This is a typical example of the *fiaba infantile* — a category in itself which, Calvino writes, is 'neglected by the more ambitious narrators, and perpetuated through a humbler, more familiar tradition whose characteristics can be summed up as follows: frightening or threatening themes, scatological or coprolalic [i.e. excremental] details, and verses mixed in with the prose, with a tendency to singsong repetition *[filastrocca]*'. Some of these, he adds, are 'characteristics largely opposite to those today required for children's literature'.

This particular tale contains many elements of Calvino's own invention, owing to limited written source material.

1 **alto cosí:** this tall.
2 **sento in bocca l'acquolina:** my mouth is watering.
3 **questa:** i.e. *questa donna*.
4 **lo stesso:** all the same.
5 **fare il verso della quaglia:** make a noise like a quail.
6 **fammi un piacere:** do me a favour.
7 **fammi un po' vedere:** let me see, show me. *Fare vedere* (+ *a*) means the same as *mostrare*, and is more often used in speaking.
8 **sul piú bello:** just as she almost had him (at the best moment).

Exercises:
A. Translate the following phrases into idiomatic English:
   1 proprio dov'era passata una mucca
   2 Invece di metterci dentro la pera ci mise Pierino Pierone, legò il sacco e se lo mise in spalla.
   3 ci vuotò dentro il sacco.
   4 bruciò le gambe alla Strega Bistrega.
   5 fece per rovesciare il sacco.
   6 le morse un polpaccio.
   7 si lasciò acchiappare un'altra volta.
   8 non si fermò in nessun posto.
   9 fallo in spezzatino.
   10 Come hai fatto a salire lassú?

B. Tell the story from Pierino's point of view: *Un giorno quando andavo a scuola, ...*

C. Study the following irregular verbs for the next story: **essere, divenire** (p. def.)

5 La penna di hu

'One of the saddest and most pathetic of the *fiabe*, on the familiar theme of the sacrifice of the youngest. It exists all over Europe and

Italy, in story and song form, and it carries with it the melancholy of the dirges that have accompanied it through the world, born from that reed pipe into which, in a delicate metamorphosis, the soul of the murdered boy transmigrates. A melancholy that is heard earlier in the dark, graceless cry of the peacock — the bird sacred to sight, which holds the eyes of Argus in its tail feathers.'

1 **penna di hu:** peacock feather. The proper word for peacock is *pavone; hu* probably refers to the sound it makes.
2 **perché io riabbia la vista:** see *La ragazza mela,* note 6, p. 97.
3 **Il piccino non volevano neppure farlo venire:** They didn't even want to let the little one come. The direct object pronoun (*lo*) refers to *il piccino.* In cases like this, when the direct object precedes the verb, it must be repeated in pronoun form together with the verb. Note again the common use of *fare* to mean 'let', as in *Il bambino nel sacco,* note 7, p. 100.
4 **Deve esserselo preso:** it must have taken him. The verb here is *prendersi* (to take for oneself); as it is reflexive it takes the auxiliary *essere (essersi preso);* when the direct object pronoun *lo* is added the *si* changes to *se,* giving *esserselo.*
5 **Vado a girare il mondo e mi guadagno da vivere suonando:** I'll go about the world and earn my living by playing. Note the use of the present tense to indicate an intention for the near future.
6 **Fammi suonare un po' a me.** Let me play a bit (see note 3 above). *A me* is added simply for emphasis.

Exercises:
A. Answer the following questions:
    1   Perché il re aveva bisogno di una penna di hu?
    2   Come riuscí il piccino a prendere la penna?
    3   Perché i fratelli grandi uccisero il piccino?
    4   Come spiegarono al padre l'assenza del fratello?
    5   Perché il pastore lasciò il suo gregge?
    6   Come venne a sapere la verità, il padre?
    7   Come finirono i fratelli grandi?
    8   Come finí il pastore?
B. Rewrite in the present tense the section from *I figli partirono* to *Si presero la penna.*
C. For the next story, learn the past definite of **appendere.**

6   L'acqua nel cestello

A variation on the Cinderella theme, with a salutory lesson in tact and good manners. The cruel fate of the spoilt (not really wicked) sister might perhaps horrify today's psychologists and pedagogues.

1 **La sua la mandava:** her own daughter, she sent her...(see *La penna di hu,* note 3, above).

102 Fiabe italiane

2   **a piú non posso:** till she could (kill) no more.
3   **Che tu sia bella...:** may you be beautiful. The subjunctive is used in this way for prayers, spells, curses and invocations.
4   **D'ora in avanti:** from now on.
5   **Potessi trovare:** if only you could find (see *Giovannin senza paura,* note 9, p. 96).
6   **visto che:** seeing that

Exercises:
A. List the following from the story:
    1   cinque cose brutte e schifose
    2   tre pietre preziose
    3   tre tipi di stoffa
    4   tre recipienti per liquidi
    5   due persone simpatiche
    6   due persone antipatiche
    7   due lavori di casa
B. Referring to the story, rephrase in Italian:
    1   Amava sua figlia ma non la figliastra.
    2   Lasciò cadere il cestello, il quale fu portato via dal fiume.
    3   Il letto era pieno di insetti.
    4   Mise una collana sul collo della ragazza.
    5   Una coda d'asino apparí sulla sua fronte.
    6   Credeva che avesse ucciso la figliastra.
C. Give the ugly sister's account of her experience: *Sono andata a prender l'acqua col cestello...*
D. Study the following irregular verbs for the next story: **sciogliere, trafiggere** (p.def.); **riflettere** (p.part.); **tenere** (future).

7 L'amore delle tre melagrane (Bianca-come-il-latte-rossa-come-il-sangue)

L'amore delle tre melagrane, according to Calvino, is one of the few *fiabe* (as distinct from *leggende* and *novelle*) which are probably of Italian origin. In this story, he believes, the vital element is the sequence of metamorphoses that come full circle as the maiden reappears at the end. 'In this precise rhythm, in this gay logic that governs the most mysterious tale of transformations, I think I discern one characteristic of the popular treatment of the folk-tale in Italy.'

Here as in many other tales Calvino has had to combine elements from many regional variants (beginning with a seventeenth-century text) to make one Italian version. For example, he might have used nuts, watermelons, citrons, apples, or any of three sorts of oranges (*arance, melarance* or *melangole*). The pomegranates are taken from a Pisan version.

1 **'lo dirò proprio a te che sei donna!'**: Irony: 'as if I'd tell my affairs to a woman!'
2 **senza starci a pensar su**: without stopping to think about it (*lit.* 'on it').
3 **tornò a sgridarla:** scolded her again (went back to scolding her). This idiomatic form with *tornare* is quite common.
4 **Alla ragazza cadde una goccia di sangue:** the preposition *a* means 'from' in this case. See *Giovannin senza paura,* note 10, p. 96.
5 **come la vide:** when he saw her. This use of *come* is not recommended for students.
6 **chi stava per morire:** *lit.* he who was about to die. *Stare per:* to be about to.
7 **faceva da cucina:** did the cooking. The verb *cucinare* is normally used.
8 **Non voglio essere io a condannarti:** I don't want to be the one to condemn you.

Exercises:

A. Answer the following questions:
1. Perché il giovane si mise in cammino?
2. Perché lo disse al vecchio e non alla donna?
3. Perché il vecchio gli disse di aprire le melagrane vicino alla fontana?
4. Perché il giovane disse alla ragazza di arrampicarsi sull'albero?
5. Perché la Brutta Saracina ad ammazzare la ragazza?
6. Perché la ragazza sull'albero non poté trattenere una risata?
7. Come fece la Brutta Saracina ad ammazzare la ragazza?
8. Perché il figlio del Re fu sorpreso al suo ritorno?
9. Cosa raccontò il cuoco al figlio del Re?
10. Perché il figlio del Re non vide mai la palombella?
11. Perché la vecchia si nascose dietro la porta?
12. Perché il figlio del Re appostò la vecchia per strada?
13. Come seppe il giovane ciò che aveva fatto la Brutta Saracina?
14. Come è finita la Brutta Saracina?

B. — *Io sto dentro alla melagrana...* — *e le raccontò la sua storia.* Finish the story for her.

C. Study the following irregular verbs for the next story: **chiedere, dividere, decidere, avere, giungere, togliere** (p. def.); **sapere** (imperative); **coprire** (p. part.).

104 Fiabe italiane

8 Giuseppe Ciufolo che se non zappava suonava lo zufolo

'The medieval legend of the grateful dead ... is told here with a ploughman [*lit.* 'hoer'] in place of the noble protagonist, agricultural prowess rather than knightly feats of valour, and a beggar instead of the rescuing knight.'

1 **prese ad andare col mendicante:** started going with the beggar. Note these three parallel forms: *cominciare a; mettersi a; prendere a,* all of which mean 'to begin' (the latter two are primarily spoken forms).
2 **facevano l'elemosina al vecchio:** gave alms to the old man.
3 **Da lavorare non ne trovo:** I can't find any work to do.
4 **veniva loro dietro:** was coming after them (*veniva dietro a loro*).
5 **farne a metà:** to go halves.

Exercises:

A. Translate into English the section from *La reginella, sentendo cantare* to *perché tagliasse in due la sposa.* Make your translation sound like a fairy tale, while being as accurate as possible.
B. Explain in Italian what one must do to grow grain: *Prima bisogna dissodare la terra...*
C. Write an alternative last paragraph in which the princess changes her mind and refuses to go with Giuseppe because he had been ready to cut her in half: *Ma io non voglio più andare con te...*
D. For the next story, learn the past definite of **volere.**

9 La finta nonna

La finta nonna 'may be considered ... one of the few popular versions collected in Italy of *Little Red Riding Hood...* It has all the elements that distinguish children's stories in the popular tradition...[see note to *Il bambino nel sacco,* p. 100]. A realistic detail: the house is a real peasant house, with only one bed and the barn below.'

1 **pan coll'olio:** bread and olive oil, a staple peasant food.
2 **si mise in strada:** set off on her way.
3 **che si divertiva a far girare:** which it enjoyed spinning. See *La scienza della fiacca,* note 11, p. 99.
4 **non ci arrivo:** I can't reach (there).
5 **non ci passo:** I can't get through (there).
6 **la nonna se l'era mangiata l'orca:** the orc had eaten the grandmother. Here the normally transitive verb *mangiare* is made reflexive: a common feature in colloquial Italian. See *La penna di hu,* note 3 (p. 101) on the use of the direct object pronoun (in *l'era*).

Exercises:
A. List from the story:
1. quattro cose da mangiare
2. cinque utensili da cucina
3. sei parti del corpo

B. Describe in Italian what the orc did before the little girl arrived, from the time it came to the grandmother's house.

C. Tell the rest of the story from the orc's point of view:
La bambina mi gridò di aprire la porta...

D. Study the following irregular verbs for the next story:
apparire, promettere (p.def.); **togliere** (p.part.).

10 Le ossa del moro

Basically a riddle story, but with dark Hamlet-like overtones.

1. **che non se ne curava né poco né tanto:** who was completely indifferent to him (*lit.* who cared for him neither little nor much).
2. **non vedeva che per i suoi occhi:** she was completely wrapped up in him (*lit.* she saw only through his eyes).
3. **Mancava un giorno allo scadere del termine:** There was one day left until the end (expiration) of the period.
4. **fare le parti:** to divide it up.
5. **fece rizzare subito la forca:** had the gallows erected at once. See *La ragazza mela,* note 12, p. 98.

Exercises:
A. Rewrite the first two paragraphs in the present tense.
B. The morality of this story is open to argument. Retell it from the point of view of the queen, who loved the Moor and thinks her stepson had no right to interfere.

11 La sorella del conte

'La piú bella fiaba d'amore italiana, nella piú bella versione popolare.'

1. **ricco quanto il mare:** as rich as the sea.
2. **tanto che:** so much so that.
3. **che non ne poteva piú di star lí rinchiusa:** who could no longer bear being shut up in there.
4. **adagio adagio:** very slowly. See *La scienza della fiacca* note 7, p. 99.
5. **muro a muro:** While the royal personages in this Sicilian tale are equipped with crowns, swords and counsellors, their palaces seem to stand wall-to-wall as in a village street.
6. **signora:** this does not imply that the lady is married; it indicates nobility.

106 Fiabe italiane

7   **di quale stato siete?:** what is your (social) condition?
8   **per forza:** perforce
9   **quando l'ebbe tra le braccia:** the use of *ebbe* rather than *aveva* suggests 'when he got her in his arms' rather than 'while he had her...'
10 **zafferano:** apart from flavouring, saffron imparts a strong yellow colour.
11 **Da quella sera in poi:** from that night on.
12 **si fece avanti:** came forward.

Exercises:
A. Answer the following questions:
    1 Come fece la Contessina ad entrare nella camera del Reuzzo?
    2 Perché il Reuzzo chiamò il Consiglio?
    3 Quale era il primo modo suggerito per trattenere la Contessina? Il secondo? Il terzo?
    4 Come fece lei a scappare, la prima volta? La seconda volta? la terza?
    5 Perché il Reuzzo fece finta che il bambino fosse morto?
    6 Come riconobbe la madre?
    7 Perché il Conte puntò la spada sulla sorella?
    8 Come il Reuzzo salvò la Contessina?
B. Retell the story from the Contessina's point of view: *Quando non ne potevo più di star lí rinchiusa...*
C. Study the following irregular verbs for the next story: **chiudere, vivere, leggere** (p. def.).

12 I tre orfani

'A religious allegory of rare beauty, with the arcane simplicity of a riddle. Calabrian tales are often interwoven with Christian motifs, but these are nearly always contaminated with old non-Christian magical elements. Here, however, we have only the rhythm of the *fiaba magica:* everything converges in the composition of liturgical symbols. But note that the story opens on a realistic note: the labourer who comes down to the village in the morning and cries out a sad little verse offering to work for anyone who wants him.'

1   **Non hai che da lasciarlo correre:** You have only to let him run.
2   **Come uscí:** See *L'amore delle tre melagrane* note 5, p. 103.
3   **decise di partire anche lui:** he decided to leave as well. Note the word order, characteristic for this type of expression.
4   **a patto che:** provided that.
5   **Arrivato:** having arrived. This is the 'absolute' construction.
6   **Alla speranza di Dio:** roughly equivalent to 'God help me'.
7   **Che ci posso fare!:** What can I do!

Notes and exercises 107

8 **Del resto:** anyway.
9 **a passare lí in mezzo:** if I go through there. This is essentially the same construction as in *La scienza della fiacca* note 11, p. 99.
10 **il Signore:** here not just a gentleman but the Lord.
11 **finí per prendere:** ended by taking.
12 **marengo:** gold coin, introduced by Napoleon, after his victory at Marengo (1800). Word still in popular use with extended meaning of 'money', e.g. *Molti marenghi,* plenty of money.
13 **far la spesa:** to do the shopping.

Exercises:
A. Retell the story from the point of view of the third brother.
B. Translate the following phrases into idiomatic English:
   1 S'affacciò da un balcone un gran signore.
   2 Prendine quanti ne vuoi e vattene.
   3 Si riempí le tasche e se ne andò.
   4 Né l'uno né l'altro fratello tornava.
   5 Lo fece salire.
   6 Ti do danari, da mangiare, e quel che vuoi.
   7 Sentendosi venire la pelle d'oca...
   8 Era già dall'altra parte.
   9 Di' ancora una parola e ti taglio anche la testa.
  10 Arrivato là il cavallo tutt'a un tratto si fermò.

13 Cola Pesce

A famous Sicilian legend, collected in numerous versions and studied by many famous scholars including Benedetto Croce, who published an essay on it in 1885.

1 **la madre a chiamarlo:** *idiom.:* his mother forever calling him.
2 **Non sei mica un pesce?:** *mica* simply intensifies the negative — you're not really a fish, you know!
3 **sempre piú lontano:** farther and farther. *Sempre piú* renders the English 'more and more'.
4 **non ne poté piú di gridare:** see *La sorella del conte,* note 3, p. 105.
5 **Che tu possa diventare un pesce:** see *L'acqua nel cestello,* note 3, p. 102.
6 **si vede che:** evidently.
7 **andò a segno:** hit the mark.
8 **se lo vide:** saw him nearby (near to himself).
9 **su cos'è fabbricata:** what is it built on?
10 **sorgenti d'acqua dolce:** fresh-water springs. In fact such springs have been discovered in the Mediterranean, and Cola's experiment has been repeated by divers in our own time.
11 **uno di guardia:** a man on watch.

12 **corrente che tirava:** undertow.
13 **Che c'è:** what's the matter?
14 **solo nella bocca poteva entrarci intero un bastimento:** a whole ship could fit in its mouth alone.
15 **per non farmi inghiottire:** to keep from getting swallowed.
16 **non gli era passata:** had not left him.
17 **che non ce n'è altra al mondo:** unique in the world (*lit.* of which there is none other in the world).

Exercises:
A. Answer the following questions:
    1 Perché la madre mandò una maledizione a Cola?
    2 Perché morí la madre?
    3 Perché Cola nuotò tutt'intorno alla Sicilia?
    4 Che cose vide in fondo al mare?
    5 Perché cantò 'O Messina, un dí sarai meschina'?
    6 Come dimostrò al re che c'erano sorgenti d'acqua dolce sotto il mare?
    7 Perché Cola era 'morto di spavento'?
    8 Perché il re buttò la corona in mare?
    9 Perché Cola prese una manciata di lenticchie?
B. Referring to the text, rephrase in Italian:
    1 Disse ai marinai che se uno di loro vedesse Cola Pesce, dovevano dirgli di andare a parlare col Re.
    2 Vide Cola Pesce che stava nuotando vicino alla sua barca.
    3 Non aveva potuto trovare il fondo.
    4 Il re fu molto sorpreso.
    5 Il re era tormentato dalla curiosità.
    6 Non poteva piú sopportare la curiosità.
    7 C'era un uomo che stava a guardare.
    8 Per non essere inghiottito ho dovuto nascondermi.
    9 Sento nel cuore che non verrò piú a galla.

14 Cric e Croc

Calvino cites a long list of precedents, beginning with the Greek historian Herodotus, for this story which 'is one of the most ancient and illustrious stories known, and generations of scholars ... have worked on it. The Monferrato version we have followed is faithful to the oldest tradition, adding to it the odd names of the characters and just a wink of peasant slyness.'

1 **far conoscenza con:** to meet, make the acquaintance of.
2 **famoso quanto lui:** see *La sorella del conte,* note 1, p. 105.
3 **far lega:** to join up, make a league.
4 **fa per guardare:** *lit.* he makes (a movement) to look.

Notes and exercises 109

5 **non può essere che Croc:** it can only be Croc (see *La scienza della fiacca*, note 4, p. 99.
6 **non sapeva dove battere il capo:** didn't know which way to turn (*lit.* where to beat his head).
7 **libbra:** a pre-metric unit of weight, about a pound.
8 **mi travesto anch'io:** see *I tre orfani*, note 3, p. 106.
9 **tornarono a rubare:** see *L'amore delle tre melagrane*, note 3, p. 103.
10 **basta che fosse buono a rubargli le lenzuola:** he need only be clever enough to steal his sheets.
11 **Gli cala in camera:** descended into his room.
12 **perché non avesse piú da rubare:** so he would not have to rob any more. See *La ragazza mela*, note 6, p. 97.

Exercises:
A. Write the diary of Portacalcina, using the present perfect tense and without direct speech: *Un giorno il Re è venuto a trovarmi in prigione...*
B. Write the diary of Croc's wife for the day of his accident (of course she stayed at home), and/or the following day.

15 Il giocatore di biliardo

This story is a strange mixture. Its beginning, writes Calvino, qualifies it as a *'fiaba nata in città*, with the idle youth hanging about the cafés and the unknown gentleman challenged at billiards. Then it passes over to the supernatural, but — perhaps under the influence of that beginning — the ancient motif of the girls bathing ... has about it a tone of urban luxury. The abrupt ending is mine.' However such endings, as he tells us in the note to *L'uva salamanna*, are well known in the folk tradition.

1 **Che c'è, lo so di sicuro:** I'm sure there is such a person (*lit.* that he exists, I know it for sure).
2 **In fondo a questa via:** at the end of this road.
3 **Come si fa a entrare?** How can one get in?
4 **fare il bagno:** to bathe.
5 **in punto:** precisely.
6 **senza farsi accorgere:** without letting himself be noticed.
7 **ma guarda:** but mind.
8 **anche questa non mi va:** I don't like this one either.
9 **siamo dietro a strappare i ciocchi:** we're pulling out stumps (*dialect form*).
10 **eravamo già lí lí per prenderli:** we were just about to get them.
11 **si videro davanti una chiesa:** saw a church before them.

110   Fiabe italiane

Exercises:

A. Explain in Italian the meaning of the following words and expressions:

1. un caffè
2. il biliardo
3. un signore forestiero
4. il postino
5. fare il bagno
6. un dito mozzo
7. lo fece bendare
8. una scuderia
9. vide che gli mancavano due cavalli
10. un pettine
11. tornarono all'inseguimento
12. alle calcagna dei due sposi

B. Retell in the present tense the passage from *E i soldati tornarono all'inseguimento* to ... *rispondevano sempre all'incontrario*. Do not use direct speech.

16 Il paese dove non si muore mai

'Among the many tales of temporary victory over death, this one is distinguished for its Gothic flavour: those old men and their sentences, those bones on the ground, that cart full of worn-out shoes. And then the landscapes changed after hundreds of years, and the estrangement of the man returning to his village after several generations.'

This story is unusually rich in useful idiomatic expressions that are current in present-day spoken Italian.

1. **questa storia:** the word *storia* often connotes a 'tall story'.
2. **quanto tempo ci metterete:** how long will you take.
3. **quanto ci vorrà?:** how long will it take? (*quanto tempo* is understood).
4. **a occhio e croce:** at a rough estimate.
5. **capiti bene:** you've come to the right place. Note that this verb is *capitare*, not *capire*; the accent in *capiti* falls on the first syllable.
6. **Finché starai qui con me:** Notice the different ways of using *finché* in this story: (*a*) *finché non ho finito*... until I've finished (the first man); (*b*) *finché questa anatra non avrà asciugato*... until this duck has drunk up (the third man); (*c*) *finché starai con me*... as long as you stay with me (the fourth man).
7. **Ne ho fatto di giri!:** What a search I've had! (*lit.* I've done some going about. The *ne* is superfluous).
8. **cosa ne è dei miei parenti:** what's become of my relatives.

9 **da un bel pezzo**: for a good while.
10 **cosa vuole che le dica?** what can I tell you?
11 **Guarda un po'**: just look at that.
12 **bell'e morto**: jolly well dead. *Bell'e* is a colloquial 'intensifier', used in expressions like *la pasta è bell'e pronta, il vino è bell'e finito*, etc.
13 **Domanda dei suoi**: he asked about his family.
14 **Ci restò male**: he felt badly.
15 **Tanto vale che torni indietro**: I might as well go back.
16 **Al povero giovane toccò di morire anche lui**: The poor young fellow had to die as well (*toccò* here means 'befell').

Exercises:
A. Answer the following questions in Italian:
    1   Perché il giovane partí dal suo paese?
    2   Descrivete il primo vecchio e il suo lavoro.
    3   Perché il giovane non voleva restare con lui?
    4   Perché il secondo vecchio gli consigliò di rimanere?
    5   Che cosa aspettava il terzo vecchio?
    6   Dove stava il quarto vecchio?
    7   Quanto tempo passò il giovane con lui?
    8   Perché voleva poi andar via?
    9   Che avvertimento gli diede il vecchio?
    10 Che cosa trovò al suo paese?
    11 Perché scese dal cavallo?
    12 Alla fine, come fece la Morte a prenderlo?
B. Referring to the story, rephrase in Italian:
    1   Disse addio ai suoi parenti.
    2   Quanto tempo sarà necessario?
    3   Continuò il suo cammino.
    4   Finché l'anatra non avrà bevuto tutta l'acqua.
    5   Un vecchio aprí la porta al giovane.
    6   Non le dispiace se sto qui?
    7   Passavano tanti anni che nessuno se ne rendeva conto.
    8   Non si preoccupi, non scenderò di sella.
    9   Cercò la propria casa, ma non rimaneva nemmeno la strada.
    10 Fece domande sui suoi parenti.
    11 Anche prima che fosse a metà strada...
    12 Anche il giovane dovette morire.

17 I tre castelli

If the hero were one of Charlemagne's knights instead of an adventurous peasant lad, this tale might almost have come out of Aristo's *Orlando Furioso*.

1 **fare il ladro:** to be a thief. *Fare* is often used this way with trades and professions (*fare il medico, fare il contadino*); also in expressions like *fare lo sciocco*, to play the fool.
2 **si fece prendere:** got taken on
3 **al di là di:** beyond
4 **su due piedi:** on the spot.
5 **non ci badò:** paid no attention.
6 **pareva andasse giú il mondo:** the world seemed to be falling down.
7 **fece finta di niente:** pretended nothing had happened.
8 **li prese al volo:** caught them in mid-air.
9 **facevano la ruota:** spread out their tails.
10 **gettò un bando:** put out a proclamation.

Exercises:
A. On the fourth day the hero met an old friend from home, and described to him what he had found under the rock. Write the conversation in dialogue form, using mainly the present perfect tense.
B. Rewrite in the present tense from *L'indomani, tornato a quella pietra...* to *...scappò via senz'essere riconosciuto.*

18 Cicco Petrillo

This odd little parable is marked by a variety of off-beat colloquial expressions, which should not normally be copied by the student.

1 **avevano trovato a maritarla:** they had found her a husband.
2 **sul piú bello:** at the height
3 **venne a mancare il vino:** the wine ran out.
4 **intanto che aspetta:** while she waited.
5 **di qui a nove mesi:** nine months from now.
6 **da non dirsi:** beyond description.
7 **alle volte:** somehow or other (*idiom.*).
8 **da non poterne piú:** till she could weep no more.
9 **gli sarà preso un colpo a tutt'e due:** *lit.* they both must have dropped dead (*very colloquial*).
10 **sapessi!:** if only you knew!
11 **che accidente stanno a fare:** what the devil are they doing.
12 **fatemici andare:** let me go (there).
13 **che diavolo v'è sceso?:** what the devil has come over you? (*idiom.*).
14 **gli saltarono le paturnie:** he lost his temper (*idiom.*).
15 **manco per sogno!:** not on your life! (*sogno:* dream).
16 **datti l'anima in pace:** you can rest assured.
17 **a meno che ... non trovassi:** unless I find. This form (*a meno che non* + subjunctive) is the usual way of rendering 'unless'.

18 **il peggio non è mai morto:** no matter how bad a thing is, there is always something worse (*a proverb, probably regional*).

Exercises:
A. Referring to the text, give alternative versions in Italian of the following phrases:
1. Non c'era piú vino.
2. Mentre aspettava, si mise a pensare.
3. Pianse tanto che non poteva piú piangere.
4. Il vino riempiva la cantina.
5. Dovrò andarci a guardare.
6. Lo sposo, quando vide che nessuno tornava piú...
7. Avevo già capito che non eravate molto intelligenti.
8. Sto provando da un po' di tempo.
9. Lavorava per dare da bere ai buoi.
10. Non bastano a soddisfare la sete degli animali.

B. Write the bridegroom's diary for the day of his departure, beginning: *Sul piú bello del pranzo il vino venne a mancare...*

19 L'uva salamanna

'One of the most opulent tales of the 1,001 Nights ... full of descriptions of marvels and riches, in a dry and essential Tuscan version... I have chosen to cut short the story with a general disappointment, a type of closing which is in fact in the popular tradition of certain stories involving contests.'

1. **da marito:** of an age to be married.
2. **Proprio i tappeti mi mancano:** sarcasm: all I need is carpets!
3. **che me ne faccio?** What shall I do with it?
4. **uva salamanna:** A variety of grape. Each bunch has only a few very large *chicchi*, which are said to be very delicious even if not quite so miraculous as in this story. Unfortunately they are rather rare, as they are highly perishable and uneconomical to grow for the market (note how carefully the third brother preserves them!)
5. **in fin di vita:** dying.
6. **va a chicchi:** it is sold by the single grape.
7. **A quest'ora era già morta:** She'd be dead by now. The use of the imperfect instead of the conditional is common in spoken Italian.
8. **per farla finita:** to put a stop to it.

Exercises:
A. Translate into English:
1. Andatevene in viaggio per il mondo, e quello che di voi di qui a sei mesi tornerà col regalo piú bello, lo sceglierò per mio genero.

114 *Fiabe italiane*

2   Un tappeto con la virtú di questo, certo non ce l'ha.
3   Quando ci si mette sopra i piedi, fa cento miglia al giorno.
4   Fino agli ultimi giorni aveva girato da ogni parte senza trovare un regalo che gli andasse.
5   Scommettiamo, che cannocchiali con le virtú di questi, non ne ha mai visti!
6   Appena ebbe il canocchiale, fece ritorno all'osteria.
7   È l'uva piú squisita che ci sia, e questa per di piú ha una virtú speciale.
8   A metterne un chicco in bocca a una persona in fin di vita, la si fa tornare subito in salute.
9   C'è un viavai di carozze, gente che piange e si strappa i capelli.
10 Si posò ai piedi del letto come uno scendiletto qualsiasi.
11 Le mise un altro chicco tra le labbra, che tutt'a un tratto presero colore.
12 Perciò la principessa me la sposo io.

B. After the final incident the Princess' father calls on his neighbour (the father of the suitors) to explain what happened. Write their dialogue with greetings, questions and answers. Recent events should be narrated in the present perfect tense.

20 I biellesi, gente dura

This is the shortest tale in the collection—a laconic anecdote crackling with dry peasant wit.

1   **gli fece — buon dí!:** said good morning to him. Note the common use of *fare* for *dire*.
2   **Il Signore:** see *I tre orfani,* note 10, p. 107.
3   **spiccò un salto:** took a leap.
4   **tornò uomo:** became a man again.
5   **Dov'è che andate di bello:** the *di bello* is an idiomatic frill, heard also in expressions like *Cos'hai fatto di bello ieri sera?*
6   **il patto lo conosco:** I know the conditions.
7   **non ci fu verso di cavarne altro:** there was no way of getting anything else out of him.

Exercises:
A. Retell the story from the point of view of the *contadino:*
Un giorno scendevo a Biella...
B. Explain in Italian why the old man turned him into a frog.

21 La vecchia dell'orto

After beginning with a bit of country buffoonery (based however on the hard reality of hunger and the search for wild edible plants),

Notes and exercises 115

this tale moves on to a peasant version of the princess born under a witch's curse, from which she escapes in the manner of Hansel and Gretel.

1 **Comare:** Strictly speaking this denotes the relationship between the mother and the godmother of a child (masculine equivalent: *compare*). However it is also used as a form of greeting among country women.
2 **Ora ci penso io:** Now I'll see about that!
3 **ti sei fatto cogliere i cavoli sotto al naso:** You've let the cabbages be taken right under your nose.
4 **Se la prese col gatto:** she got angry with the cat. *Prendersela con qualcuno* means 'to quarrel with someone'.
5 **piazza pulita:** a clean sweep.
6 **Aspettate che vi faccio vedere io:** Just wait, I'll show you!
7 **gambe in spalla:** she took to her heels — a remarkably vivid image.
8 **io sto per avere un bambino:** see *L'amore delle tre melagrane*, note 6, p. 103.
9 **Ci state?** Do you agree? This expression serves for any sort of pact, especially regarding prices.
10 **diede alla luce una femminuccia:** she gave birth to a little girl.
11 **non resisteva piú:** she couldn't stand it any more.

Exercises:
A. Answer the following questions:
1 Quante volte le due donne andarono nell'orto a rubare cavoli?
2 Quali animali servirono da guardie?
3 Perché non ci riuscirono?
4 Come si nascose la vecchia per acchiappare i ladri?
5 Come è uscita dal suo nascondiglio?
6 Perché la comare promise di dare sua figlia alla vecchia?
7 Come si chiamava la madre della ragazza?
8 Come disubbidí alla mamma la ragazza?
9 Perché la vecchia la mise nella stia?
10 Come fece la ragazza ad ingannare la vecchia?
11 Come finí la vecchia?
12 Come finirono madre e figlia?

B. Write a series of brief diary entries for the old woman (use the present perfect tense):
1 The day of the rooster.
2 The day she caught the thieves.
3 The day of the mouse's tail.

116   Fiabe italiane

22   Mastro Francesco Siedi-e-mangia

Calvino reports that an earlier collector had given this tale a moralistic-allegorical interpretation (with a hint of almost Freudian symbolism). He, however, sees it mainly as a comedy of manners apparently based on the experience of girls sent to work in the gentry's houses (note the shudder at the sick old lady and her affectations), and also on the wonderfully-described character of the village layabout.

1. **Mastro:** master, normally a tradesman.
2. **come fare a tirare avanti:** how to make ends meet (*lit.* how to carry on).
3. **se lo infilava sotto il naso:** *i.e.* he drank up all their earnings.
4. **con le buone o con le cattive:** whether he liked it or not (more literally, by persuasion or by force).
5. **certe fitte da togliere il respiro:** *lit.* such pangs as to take his breath away.
6. **del suo meglio:** as best he could.
7. **fa tra sé la ragazza:** says the girl to herself.
8. **da tutte le parti:** all around.
9. **a quel buon salario ... ci teneva proprio:** he was very keen on those good wages. *Tenere a qualcosa* (or *tenerci*) means to set great store by something.
10. **Il servizio, tanto, era leggero:** Anyway the job was easy. A very common use of *tanto*.
11. **se ne stava in panciolle:** he lounged about.
12. **Non debba della sua morte morire:** May he not die the death of Francesco.

Exercises:
A. Explain in Italian the meanings of the following words: *ciabattino; taverna; quatta quatta; leggero; battifiacca; cameriera; svignarsela; principe.*
B. Write a letter from Francesco to his daughters during his happiest period in the lady's service. He tells of his easy life and his pleasures, and thinks the girls were foolish to leave.

23   L'uomo verde d'alghe

'This sea tale transposes into an unusual setting a theme well known throughout Europe: the younger brother who is let down the well to free the princess and then abandoned there alone.'

1. **dove poteva esser andata a finire questa ragazza:** where this girl might have gone (ended up).
2. **capitano di lungo corso:** a merchant captain.

3 **nessuno osava salire per il primo:** no one dared to be the first to board.
4 **uomo da bicchieri:** a drinking man.
5 **in fondo alla caverna:** at the far end of the cave, see *Il giocatore di biliardo*, note 2, p. 109.
6 **Andavo a pesca:** I was fishing...
7 **non sembrava vero:** he couldn't believe his luck.
8 **fino a che non cascò giú:** until he fell down. Here *fino a che* is virtually the same as *finché* (see *Il paese dove non si muore mai*, note 6, p. 110).

Exercises:
A. Translate into idiomatic English:
1 Si fecero coraggio e salirono a bordo.
2 Se ne stava sempre con le mani in tasca a rimpiangere le osterie.
3 Noi incrociamo qui intorno.
4 La nave andò via a tutte vele.
5 Come avete fatto a trovarmi?
6 Questo polpo per tre ore al giorno si trasforma in triglia.
7 Alla fine apparve, tutta sussultante, anche la triglia.
8 Il remo gli aveva rotto un'ala.
9 Baccicin gli fu sopra e lo finí a colpi di remo.
10 Tanto tempo era rimasto senza assaggiare un goccio di vino.
11 Non direte mica a vostro padre che chi v'ha liberato è quell'ubriacone!
12 Il capitano pensò di farla finita una volta per tutte.

B. Write out the text of the king's proclamation which is read out in the piazza at the very beginning of the story.

24 Massaro Verità

Calvino remarks that this story, with its theatrical scene where the hero rehearses his lies and doesn't succeed, is very ancient: it appears in the *Gesta Romanorum* (a medieval Latin collection of moral tales), in Arab collections and in Straparola's *Piacevoli notti* (1550).

1 **ci teneva molto:** see *Mastro Francesco Siedi-e-mangia*, note 9, p. 116.
2 **grasso d'avanzo:** rolling in fat (*lit.* fat to spare).
3 **rimetterci la testa:** to pay with my head.
4 **far sí che:** *i.e. far cosí che*. Only in this and one or two other expressions is *sí* used in this way.
5 **Che avete:** what's the matter.

Fiabe italiane

6 **ci mancherebbe ... raccontare!:** I've got enough trouble without telling you about it.
7 **Ci penso io:** I'll see to it (see *La vecchia dell'orto,* note 2, p. 115)
8 **si fece portare:** she had herself taken (see *I tre castelli,* note 2, p. 112 and *Il giocatore di biliardo,* note 6, p. 109).
9 **Arrivata che fu:** when she arrived.
10 **Leva panche e metti sgabelli:** *lit.* take away benches and put down stools. In other words, he couldn't do enough to welcome her properly.
11 **si faceva in quattro:** *lit.* he split himself into four pieces. In English we would say he bent over backwards, or turned himself inside out — all equally bizzarre.
12 **meglio che poteva:** as best he could (see *Mastro Francesco Siedi-e-mangia,* note 6, p. 116).
13 **per quanto addolorato:** although he was sorry (*lit.* however sorry).
14 **pagare la sua invidia:** pay for his envy. Notice that *pagare* takes a direct object, without preposition.

Exercises:

A. From the text, give alternate Italian versions of the following:

    1 Questi animali gli erano molto importanti.
    2 Non voleva affidarli che ad una persona fedele.
    3 Quello che avrebbe perso la scommessa avrebbe dovuto pagare con la vita.
    4 Non trovò il modo di fargli dire una menzogna.
    5 Non voglio doverti spiegare il mio malumore.
    6 Riuscí a persuaderlo a dirglielo.
    7 Faceva tutto quello che poteva per accoglierla bene.
    8 Cominciava di nuovo la conversazione, ma non riusciva a continuarla.
    9 Questo è il modo in cui devo rispondere.
    10 Nonostante il dolore che sentiva per la perdita del manzo, era contento perché aveva vinto.

B. This is a transcript of an interview granted by the king shortly after the incident. Parts of the record have been eaten by a mouse: please restore the missing answer and questions.

    Q: Maestà, mi dica perché Lei ha scelto questo contadino per far la guardia al Suo bestiame?
    A:
    Q:
    A: Gli ho detto di venire ogni sabato.
    Q:
    A: Lui non ha trovato niente. È stata sua moglie a pensare un modo di fargliela dire.

Q:
A: Perché lei aveva detto che sarebbe morta se lui non glielo avesse dato.
Q:
A: Mi ha detto la verità.
Q:
A: Naturalmente sono triste perché il manzo è morto, ma sono contento di aver vinto la scommessa.
Q:
A: Un sacco di monete d'oro.
Q:
A: Ah, lui deve pagare con la testa!

25 Il regalo del vento tramontano

'The tale, well known throughout Europe and Asia, of the magic gifts which dispense food and wealth and which are successively taken away from their legitimate owner and then recovered by means of another magic gift that dispenses blows, has passed, in this Tuscan variant, through a breeze of peasant rebellion. Just a breeze, not a north wind like the one Geppone sees as the only cause of his want and also as the only possible source of aid: in fact the landlord is never explicitly condemned for the thief he is, and the peasant blames his misfortunes only on the wind and on his chattering wife. But in the end his submissiveness explodes in a shower of blows.'

1 **un Priore:** much Italian land was and is owned by the Church. Here the Prior behaves like a secular landlord. Note the hint of anticlerical feeling in the characterisation of him and his guests.
2 **su per un colle:** up (on) a hill.
3 **son nelle tue mani:** that's up to you.
4 **a me tocca sempre...:** see *Il paese dove non si muore mai,* note 16, p. 111.
5 **e via per quelle valli:** and off he went over hill and dale.
6 **giú legnate:** *lit.* down (came) blows.
7 **Si figuri:** see *Giovannin senza paura,* note 6, p. 96.
8 **non stava piú in sé:** was beside himself.
9 **di giunta:** extra.
10 **Affare fatto:** Done!
11 **Mi va giusto bene:** that just suits me.
12 **il Titolare:** the Titular — a holder of Church office in name only, with no duties.
13 **con tanto d'occhi:** with eyes this wide.
14 **botte da orbi:** a good thrashing (a wild shower of blows struck blindly in all directions).

120 *Fiabe italiane*

15 **su quanti preti erano lí intorno:** *lit.* on as many priests as there were around there.
16 **se no i preti restavano morti:** otherwise the priests would have been dead. See *L'uva salamanna,* note 7, p. 113.

Exercises:
A. Translate into idiomatic English from *Il Vento Tramontano fu preso dalla carità del cuore...* to *Ora, di ripresentarmi a lui non ho più il coraggio.*
B. Reproduce the first conversation between Geppone and the north wind without using direct speech: *Dopo un'ora rincasò il Vento Tramontano. Geppone lo salutò, e il Vento gli chiese...*

26 La testa della Maga

This tale 'obviously derives from the myth of Perseus, of which it repeats several motifs: the segregation of Danae which does not prevent her from conceiving, the task of capturing the Medusa which King Polidectes imposes on Perseus; the power of flight (in the myth, on winged sandals); the three Graeae, daughters of Phorcys, who have only one eye and one tooth; the silver sword that serves as a mirror so as not to look directly at the Medusa; the blood that changes to snakes; the liberation of Andromeda from the monster and the turning of King Polidectes to stone. I have found no other versions of it in collections of folk tales; this may suggest that this is a late emergence of the classic myth itself.'

1 **quando la ragazza ebbe sedici anni:** when she reached the age of sixteen. See *La sorella del conte,* note 9, p. 106.
2 **tanti di quei quattrini:** lots of money (he greased her palm).
3 **non gli fece festa:** didn't seem glad to see him.
4 **Perché ce l'ha con me:** Why are you angry with me? See *La vecchia dell'orto,* note 4, p. 115: *prendersela* means to get angry, *avercela* means to be so.
5 **quanti la vedevano:** whoever saw her (*lit.* as many as saw her); see *Il regalo del vento tramontano,* note 15, above.
6 **un occhio in due:** one eye between them.
7 **lo specchio che ti serve:** the mirror you need. *Servire,* used this way, often replaces expressions involving *bisogno* or *necessario.*
8 **spiccavano balzi:** see *I biellesi, gente dura,* note 3, p. 114.
9 **non si fidò a bussare:** he didn't risk knocking.
10 **a spasso:** to stroll about.
11 **ci faccia il piacere di rendercelo:** will he please give it back.
12 **Mi dovrebbero dare:** you'd have to give me (*polite plural*).
13 **Cammina cammina:** He walked and walked. A common colloquial structure.

14 **tirò un fendente:** struck a sword blow.
15 **in modo da...:** in such a way as to...
16 **è toccato a me in sorte:** the lot fell to me. See *Il paese dove non si muore mai,* note 16, p. 111.
17 **come il Drago mise...:** see *L'amore delle tre melagrane,* note 5, p. 103.
18 **lui il suo Regno ce l'aveva già:** he already had a kingdom of his own.
19 **restò male:** see *Il paese dove non si muore mai,* note 14, p. 111.
20 **non ci crede?:** don't you believe it? (i.e. *non crede a quel che le dico?*)

Exercises:
A. Answer the following questions:
1. Perché il Re non sapeva cosa rispondere alla voce?
2. Come fece il Re per impedire alla figlia di fuggire?
3. Come fece il figlio del Re Giona ad entrare nel palazzo della ragazza?
4. Perché il Re non volle piú vedere sua figlia?
5. Perché il figlio della ragazza volle uscire dal palazzo?
6. Perché era addolorato nel palazzo del nonno?
7. Come fece il ragazzo ad evitare i leoni e le tigri?
8. Perché aveva bisogno di uno specchio?
9. Come riuscí ad ottenere lo specchio?
10. Perché la fanciulla disse al giovane di andar via?
11. Come il giovane uccise il Drago?
12. Come finí il nonno crudele?

B. Referring to the text, rephrase in Italian:
1. Alla regina nacque una bambina molto bella.
2. Quando il ragazzo ebbe 15 anni...
3. Perche Lei è arrabbiato con me?
4. Era convinto che il nipote sarebbe finito cosí.
5. Hai bisogno d'un cavallo capace di volare.
6. Hanno lo specchio di cui hai bisogno.
7. Parlavano fra loro.
8. Dovete renderci l'occhio.
9. Gli disse: 'se vi fermate qui vi incoronerò'.
10. Quando lo vide tornare, non era contento.

27 La potenza della felce maschio

A collection of Sardinian legends was published in 1922. These, Calvino writes, are very brief and poor in narrative development, but full of *spirito dei luoghi* ... 'Here I have joined two together, giving an introduction (one of the many rudimentary stories of encounters with the *réula,* the circle of the dead) to the beautiful

122 Fiabe italiane

legend of the *felce maschio*. Death from lead is seen almost as an illness, and the bandit, a generous hero, wants to liberate man from it. Only courage can free man from lead: this is the moral of the legend in its virile and civilised wisdom. (That is, it takes more courage not to shoot than to shoot.) But the man's spirit could not resist — too bad for him: the end of the story is tragic.'

1 **la felce maschio:** the male fern (the word *felce* is feminine). Unless we are dealing with some local botanical anomaly, this concept is as bizarre in Italian as in English.
2 **si dà a correre:** begins to run.
3 **ballare in tondo:** to dance in a ring.
4 **compare di battesimo:** see *La vecchia dell'orto*, note 1, p. 115.
5 **se non fate di tutto:** if you don't do all you can.
6 **su fino alla svolta del fiume:** up as far as the bend in the river.
7 **si scatena una tempesta:** a storm is unleashed.
8 **a piè fermo:** staunchly (*lit*. firm-footed).
9 **un drappello di carabinieri:** the *carabinieri* were originally the king's personal army. They now serve the same function as the police, more in the countryside than in the towns, and especially in Sardinia.
10 **che punta su di lui:** aiming at him.
11 **per conto suo:** for its part.

Exercises:
A. After the episode in the church, the bandit went home to his wife and told her of his adventure and his plans for the first of August. Write his monologue, using the present perfect and then the future tense.
B. What did he tell his wife after coming down from the mountain?

28 Il linguaggio degli animali

'The man who knows the language of the animals will be Pope: this is an old European tradition, found in Grimm ... with its medieval flavour, its half-Satanic theology and the science of the 'bestiaries'. The discovery of the father's unnatural command through the horses' whinnying, and the dog's offer of his life, are my developments of the theme.

' ... This legend has elements in common with another that was favoured in both Catholic and Jewish medieval religious narratives: the theme of a boy who, knowing the birds' language, hears the prophecy that his parents will abase themselves before him; for telling them this he is driven away and wanders about the world until he becomes King or Pope.'

1. **sveglio d'ingegno:** quick-witted.
2. **da assordare:** deafening.
3. **come vuoi sapere:** how should you know? See *Il paese dove non si muore mai*, note 10, p. 111, for a similar use of *volere*,
4. **anche le rane ci mancavano...:** bitter irony: frogs too! Just what I needed.
5. **una mala arte:** a black art, black magic. This adjectival form of *male* is very rarely used, and students should not copy it.
6. **in quella:** *ora* is understood, i.e. at that time; in that moment, (*idiom*).
7. **ci sono pure creature fedeli:** there are still some faithful creatures.
8. **Fate presto:** hurry. Note that this is a very common expression.
9. **che gli desse di volta il cervello:** that he had gone crazy (*lit.* that his brains had got twisted).
10. **secchi:** dead (in this case).
11. **A Bobo furono fatte grandi feste:** Bobo was made much of. See *La testa della maga*, note 3, p. 120.
12. **prese commiato:** took his leave.
13. **pur senza capire:** though he didn't understand.
14. **fece appena in tempo:** he barely had time.
15. **che ebbe mai la chiesa:** be careful not to mistake the subject of *ebbe*! The use of the past definite places the whole action in the remote past.

Exercises:
A. Translate into idiomatic English:

1. — Questi passeri mi rompono i timpani ogni sera — disse il mercante tappandosi le orecchie.
2. Va' al diavolo tu e chi t'ha insegnato!
3. Lo fece montare in carrozza e gli si sedette vicino.
4. In quella li raggiunse abbaiando il cane, che era corso dietro la carrozza.
5. A Bobo furono fatte grandi feste, e i contadini volevano si fermasse con loro.
6. È incerto se bussare o non bussare, quando sente un gracidare di rane nel fosso.
7. Bobo non sapevano come compensarlo, ma lui non volle niente, prese commiato, e andò via.
8. Intanto, sui rami del castagno venne a posarsi un volo di passeri.
9. Accorse il nuovo Papa e nel vecchio riconobbe suo padre.
10. Fece appena in tempo a chiedere perdono al figlio, per spirare poi tra le sue braccia.

124 Fiabe italiane

B. After Bobo's departure, his first host described the night's adventure to a cousin from the next village, beginning: *'Alla sera è arrivato un giovane e ci ha domandato ricovero...'* Complete the narrative.

29 Il palazzo delle scimmie

A bizarre mixture of traditional themes, with a whole Kingdom of monkeys lending a touch of the grotesque.

1 **chi di loro far succedere nel regno:** which of them to make heir to the throne.
2 **far torto:** to do wrong.
3 **farsi largo:** to make his way.
4 **gli s'aperse davanti una radura:** a clearing opened before him.
5 **gli fecero cenno se voleva mangiare:** they made signs to ask if he wanted to eat.
6 **cosicché a me tocchi la Corona:** so the Crown will fall to me.
7 **Sei sempre del medesimo sentimento?** Do you still feel the same way?
8 **Questa storia durò per un mese:** this routine went on for a month.
9 **fece ala:** made way, lining up alongside.
10 **che faccia avrebbe fatto:** how he would react (*lit.* what face he would make).
11 **pure lì:** there as well. Note the various uses of *pure* in this story and in *Il linguaggio degli animali* (see notes 7 and 13, pp. 123).
12 **come facesse a starci:** how it managed to fit.
13 **tornate esseri umani:** who had become human beings again (see *I biellisi, gente dura*, note 4, p. 114.

Exercises:

A. Answer the following questions:
    1 Perché il Re mandò i due figli in viaggio?
    2 Che cosa trovò nel bosco Antonio?
    3 Come era vestita la prima scimmia che incontrò?
    4 Con chi pranzò Antonio?
    5 Come si sentiva Antonio alla fine della sera?
    6 Perché Antonio acconsentì a sposare la scimmia?
    7 Quante scimmie arrivarono alla città reale?
    8 Perché si dice 'Il Re non era Re per niente?'
    9 Che bella sorpresa aspettava Antonio?
    10 Cosa successe a tutte le altre scimmie?
    11 Perché il Re stava per proclamare suo erede Antonio?
    12 Perché Giovanni ereditò il regno?

B. Write a page from the diary of Antonio's bride, dated the evening before her wedding.

Notes and exercises 125

30 Salta nel mio sacco

'One of the many variants of a very old theme... which here, with all the place names, becomes almost a local legend. In the text there was a line I have left out, as it seemed oratorical, and discordant: Francesco expresses a last wish to the Fairy "that Corsica should be happy and suffer no more rapine by the Saracens". Another change of mine: the Devil did not explicitly ask Francesco to sell his soul but tried to persuade him to seduce a girl...

'With this wise and stoic tale I have chosen to end the book.'
(Calvino)

1 **da vivere meglio:** (the wherewithal) to live better.
2 **lasciarsi:** to leave each other.
3 **prese l'aspetto:** took the form
4 **fece per riprendere:** see *Cric e Croc*, note 4, p. 108.
5 **che vuoi fare d'un dottore?** what do you want with a doctor?
6 **chi t'ha guarito... sono io:** the one who cured you... is I. Notice that unlike the English practice, *sono* agrees with *io*.
7 **ci pensò un po' su:** see *L'amore delle tre melagrane*, note 2, p. 103.
8 **un sacco nel quale vada a finire dentro...:** see *L'uomo verde d'alghe*, note 1, p. 116.
9 **un sacco cosí:** such a sack.
10 **un pranzo coi fiocchi:** a feast fit for a king (*lit.* a dinner with bows on).
11 **Mariana:** an ancient Corsican city, now disappeared, at the mouth of the Golo.
12 **si davano convegno:** were having a meeting.
13 **Saputo di questo:** when he heard of this.
14 **cosí per imparare:** just to learn.
15 **non stette bene attento:** *stare attento,* to be careful.
16 **troverà pane per i suoi denti:** *fig.* he'll find grist for his mill.
17 **si fece largo:** made way for himself.
18 **tutto l'oro che gli serviva:** see *La testa della maga*, note 7, p. 120.
19 **fosse pure:** even if he were.
20 **rimasto sul lastrico:** penniless.
21 **la mala sorte:** see *Il linguaggio degli animali*, note 5, p. 123.
22 **non c'era verso:** see *I biellisi, gente dura*, note 7, p. 114.
23 **batti qua sopra:** beat on here.
24 **per colpa tua:** because of you. Note the idiomatic word order here and in note 23.
25 **Si guardò bene dal mancar di parola:** he took good care not to break his word.
26 **di lí a poco:** shortly afterwards.
27 **cosa c'è che non va?** what's the matter?

Fiabe italiane

28 **fa il taglialegna:** see *I tre castelli,* note 1, p. 112.
29 **a forza di comandare:** by dint of ordering.
30 **metter su:** to set up.
31 **finché non canti il gallo:** until the cock crows. The subjunctive here (*canti*) is more formally correct than the first two examples given in *Il paese dove non si muore mai,* note 6, p. 110; the meaning is exactly the same.
32 **non poté fare a meno:** see *La scienza della fiacca,* note 4, p. 99.
33 **caporale:** 'We do not know exactly what the *caporali* were or when they originated. Perhaps they were the chiefs chosen by the different *pievi* (parishes) of the island, who in turbulent and anarchic times had to defend the peasants against a horde of petty tyrants who desolated the country. Later the *caporali* became a second nobility of the island, and found themselves so powerful that they in turn began to pillage and oppress the poor...' (Ortoli, quoted by Calvino).

Exercises:
A. Translate into English:
1 Figli, pane da darvi non ne ho piú, andatevene per il mondo, da vivere meglio che a casa troverete certo.
2 Andò a cogliere certe erbe che sapeva lei, ne fece un impiastro, glielo mise sulla gamba zoppa, e la gamba da zoppa divenne sana.
3 Il ragazzo ci pensò un po' su.
4 Dato che aveva fame, gridò: — Che una pernice arrostita entri nel mio sacco!
5 Saputo di questo ricco forestiero che si faceva chiamare Principe di Santo Francesco, il Diavolo, travestito, l'andò subito a trovare.
6 Però, qualche partita con voi, cosí per imparare, mi piacerebbe farla.
7 Non aveva che da comandare al suo sacco, e ci trovava dentro tutto l'oro che gli serviva.
8 Se mi date retta, posso farvi recuperare la metà di quel che avete perso.
9 Il Diavolo ghignò e fece per scappare ma non c'era verso: finí a capofitto dentro la bocca del sacco spalancato.
10 Sparí sottoterra e di lí a poco da sottoterra saltò fuori una folla di giovani.
11 Chi fece ritorno alla famiglia in lutto, e chi si mise in giro per il mondo.
12 Ed anche a lui toccò di venir vecchio.
13 Mostrati ancora una volta!
14 Aspetta fino al mattino, finché non canti il gallo.
15 Non poté fare a meno di saltare nel sacco.

Notes and exercises 127

B. Explain in Italian the meaning of the following words:
carestia; prediligere; taglialegna; turchino; pugnale; elemosina; accomiatarsi; burrasca; insanguinato; zoppo; forestiero; cadavere; pernice; lutto.

Selective vocabulary

Unless otherwise stated, nouns ending in -*o* are masculine, and those ending in -*a* are feminine. Stressed syllables other than the penultimate are indicated by an accent, whether or not it appears in the text.

abbagliare, to dazzle
abbaiare, to bark
abbassare, to lower
abbàttere, to strike
abbeverare, to water (animals)
àbbia, abbiate: *pres. subj., avere*
abbondanza, abundance
abbracciare, to embrace
abbrancare, to grab
abitare, to live, dwell
àbiti, clothes
abusare, to abuse
accadde: *p. def. accadere*
accadere, to happen
accanto a, beside
accarezzare, to caress
accasare, to get married
accéndere, to light
accese, acceso: *p. def. and p. part., accendere*
acchiappare, to catch
acciaccare, to crush, bruise
accidente: *che accidente...?* (*idiom.*), what on earth?
acclamare, to acclaim
accoglienza, welcome, reception
accògliere, to receive, welcome
accomiatarsi, to take leave
accompagnare, to accompany
acconciatura, hair style
acconsentire, to consent
accontentare, to content, satisfy
accordo, agreement, harmony
accòrgersi di, to notice, realise
accórrere, to run (to)
accórse: *p. def., accorrere*; si accòrse: *p. def., accorgersi*

accòrto, aware (*p. part., accorgersi*)
acquolina, saliva (*idiom*).
adàgio, slowly
addentare, to bite into
addío, farewell
addolorato, grieved
addormentarsi, to fall asleep
addosso, onto, over
affacciarsi, to look out
affannarsi, to labour
affare, *m.*, deal
afferrare, to seize, clutch
affidare, to entrust
afflíggere, to afflict
affollarsi, to crowd
aggiustare, to mend, repair
aggrappato, clinging
agguato, ambush
agitarsi, to wave, shake, flap
agnello, lamb
ahimè, alas
aiuola, flower-bed
aiutare, to help
ala (*pl. ali*), wing: *far ala*, to make way
alba, dawn
albergo, inn
àlbero, tree
alghe, *f. pl.*, seaweed
allagato, flooded
allarmato, alarmed
allattare, to feed (at the breast)
allegrezza, allegria, happiness
allegro, happy
allevare, to bring up, raise
alloggiare, to put up, lodge

Selective vocabulary 129

allòggio, lodging
allora, then
allungare, to stretch out
almeno, at least
Altezza, your highness
alto, high, tall
altrimenti, otherwise
alzare, to raise, lift: *alzarsi*, to get up
amare, to love
ambulante, travelling
amicízia, friendship
ammaccarsi, to get bruised or broken
ammazzare, to kill
ànatra, duck
anello, ring
ànima, soul
ànimo, spirit
annegarsi, to drown
antipàtico, unpleasant
anzi, indeed, rather
aperse: *p. def., aprire*
apparecchiare, to lay (table)
apparire, to appear
apparve: *p. def. apparire*
appena, as soon as; hardly
appèndere, to hang
appese: *p. def. appendere*
applaudire, to applaud
appollaiare, to perch
apposta, on purpose
appostare, to waylay
apprèndere, to find out, learn
apprese: *p. def., apprendere*
arco, arch, bow
ardire, to dare; boldness
argento, silver
ària, air
armàdio, cupboard
armare, armarsi, to arm
armatura, armour
armi, *f. pl.*, arms
arrampicarsi, to climb
arrestare, to arrest
arrostire, to roast

arrosto, roast
arrugginito, rusty
arte, art, trade
asciugare, to dry, dry up
ascoltare, to listen
àsino, donkey
aspetto, appearance, air, aspect
aspro, harsh
assaggiare, to taste
assai, much, very
assalire, to attack
assenza, absence
assicurarsi, to make sure
assieme, together
assordare, to deafen
attaccare, to attach
attèndere, to wait (for)
attento, careful, attentive
attese: *p. def., attendere*
attorno, around
attraccare, to moor
attraversare, to cross
avanti, ahead, forward, before; *d'ora in avanti*, from now on
avanzare, to advance
avanzo: *d'avanzo*, left over, to spare
avena, oats; *filo d'avena*, oat-stalk
avventarsi, to throw oneself
avvertire, to warn
avvicinarsi, to approach
avvinghiarsi, to clutch, cling

baciare, to kiss
bacile, *m.*, basin
bàcio, kiss
badare, to mind
baffi, *m. pl.*, moustache
bagno, bath
balaustra, baluster
balbettare, to stammer
baldacchino, canopy
baleno, flash
bàlia, nurse
ballare, to dance

balzo, jump, bounce
bambàgia, cotton wool
bambino, child
banda, band
bandiera, flag
bàndito, bandit
bando, proclamation
bara, coffin
barba, beard
barca, boat
basso, low, short in stature
bastare, to be enough
bastimento, ship
bastone, *m.*, stick
bàttere, to beat
battésimo, baptism
battifiacca, lazybones
battuta, line (of speech)
beccare, to peck
becchime, chicken feed
becchino, gravedigger
becco, beak
bellezza, beauty
benda, bandage; *bendato,* bandaged
benedetto, blessed (*p. part., benedire, to bless*)
benone, very well
benportante, good-looking
berretta, cap
bèstia, animal; (*adj.*), stupid
bestiame, livestock
bestiolina, *dim. bestia.*
bevve: *p. def., bere,* to drink
bicchiere, *m.*, glass
biliardo, billiards, billiard table
biondo, blond
bisognare, to be necessary
bisognino, *fare un bisognino* (childish) to 'spend a penny'
bocca, mouth
boccone, *m.*, mouthful, bite
boccúccia, *dim. bocca*
bollire, to boil
bordo: *a bordo,* on board
borsa, purse
boschetto, *dim. bosco*

bosco, wood, forest
bòtola, trap-door
botta, blow
botte, *f.*, butt, large barrel
bottíglia, bottle
bràccio, arm; unit of length, about a yard
brache, *f. pl.*, breeches
branca, tentacle
bravo, good, clever
brezza, breeze
bríciolo, crumb, bit
bríglia, bridle
brocca, jug
brontolare, to grumble
brucare, to graze,
bruciare, to burn
bruno, dark-complexioned
brutto, ugly, bad
buchino, *dim.* buco
buco, hole
bue (*pl. buoi*), ox
bugía, lie
búio, dark
buoi, oxen
buonamano, reference
buondí (*idiom.*), good morning
buonora: *di buonora, di buon'ora,* early
burrasca, storm
burrone, cliff, ravine
bussare, to knock
busto, torso; corset
buttare, to throw

càccia, hunt: *andare a caccia,* to go hunting
cacciare, to hunt; to drive away; to shove or thrust
cacciarsi, to push oneself
cacciatora, game bag
cacciatore, *m.*, hunter
cadàvere, *m.*, dead body
cadde: *p. def. cadere*
cadere, to fall
calare, to lower

Selective vocabulary 131

calcagna, *f. pl.,* heels
calcare, to shove
caldàia, kettle
calderone, cauldron
calzare, to provide with shoes
calzolàio, shoemaker
cambiare, to change
càmbio, exchange
cameriera, maid
camícia, shirt
camino, chimney, fireplace
camminare, to walk
campana, church bell
campare, to get on, live
campo, field
canna, cane
cannocchiale *m.,* spyglass, telescope
cantare, to sing, crow
cantina, cellar
canto, song; corner
cantone, *m.,* corner of building
capace, able, capable
capelli, *m. pl.,* hair
capezzale, *m.,* bedside, head of bed
capitare, to come to, turn up at; to happen
capo, head; chief, cape, headland
capofitto; *a capofitto,* head-over-heels
caporale, *m. (hist.* in Corsica in fourteenth century and later), magnate, nobleman, eminent citizen
cappa del camino, fireplace, chimney-breast
cappella, chapel
cappello, hat
cappotto, coat
capra, caprone, goat
carabiniere, *m.,* militiaman
càrdine, *m.,* hinge
carestía, famine
carezza, caress
caricare, to load, burden

càrico, loaded
carità, charity; *per carità,* for heaven's sake
carne, *f.,* meat
caro, dear
carreggiata, track
carrettiere, *m.,* waggoner
carretto, cart
carriola, wheelbarrow
carro, cart
carrozza, carriage
carte, *f. pl.,* cards
cascare, to fall
cascata, chute, drop
caschi; *pres. subj. cascare*
cascina, farm
caso, case; chance
cassetta, coachman's seat
castagno, chestnut tree
castello, castle
castigo, punishment
catena, catenella, chain
cavalcare, to ride
cavaliere, *m.,* knight
cavallería, cavalry
cavallo, horse
cavare, to take away; to get out
cavíglia, ankle
cavo, hollow
càvolo, cabbage
cena, supper
cenno, sign
centèsimo, centesimino, farthing, small coin
cerca, search
cercare, to look for
certo, *adj.,* certain; *adv.,* certainly
cervello, brain
cervo, deer
cespúglio, bush
cestello, basket
ché: *idiom. form of perché*
cherubino, angel
chiamare, to call
chiave, *f.,* key
chicco, single grape; grain, kernel

chièdere, to ask
chiesa, church
chiese: *p.def. chiedere*
chiesto: *p.part. chiedere*
chinarsi, to bow, bend down
chino, bent, bowed
chiòcciola, snail; *scala a chiòcciola,* spiral staircase
chiodo, nail
chirurgo, surgeon
chissà, heaven knows
chiúdere, to close
chiuso: *p.def. chiudere*
ciabattino, shoemaker
ciambella, ring-shaped pastry, doughnut
ciascuno, each
cicòria, chicory
cieco, blind
cielo, sky; heaven
cíglio, edge; roadside; eyelash
cima, top
címice, *f.,* bedbug
cinghiale, *m.,* boar
cinguettío, chirping, twittering
cíntola, waist
cintura, belt
ciò, that
ciocco, log, stump
círcolo, circle
circondare, to surround
cocchiere, *m.,* coachman
cocci, *m.pl.,* bits, shards
coda, tail; *codàccia,* big ugly tail
codesto, that (roughly the same as *quello*)
cognata, sister-in-law
cògliere, to pick, gather
cognome, *m.,* surname
colare, to drain
collana, necklace, series
colle, *m.,* hill
collo, neck
colomba, dove
colonna, column
colpa, fault

colpire, to strike
colpo, blow; shot
colse, còlsero: *p.def. cogliere*
coltello, knife
colto: *p.part., cogliere*
comandare, to command, order
comare, *lit.* godmother: a form of address among country people in some parts of Italy (*masc. compare*)
combinare, to plot, arrange
commiato, farewell
compagno, companion
companàtico, something to eat with bread
compare, *m.,* see *comare*
comparire, to appear
comparve: *p.def., comparire*
compensare, to repay
comperare, to buy
compire, to complete
còmplice, *m.,* accomplice
comportarsi, to behave
comprare, to buy
conca, basin, pot
concèdere, to grant, concede, yield
concherella, *dim., conca*
condanna, sentence
condannare, to condemn
condiscendente, obliging
condotta, conduct
condurre, to lead, take, conduct
condusse, condússero; *p.def., condurre*
conficcare, to thrust, shove in
confinante, *m.,* next-door neighbour
confóndere, to confuse
confronto, comparison
conobbe: *p.def., conoscere*
consegnare, to deliver
conservare, to keep
consíglio, advice; counsellor
consumare, to wear out
contadino, peasant, farmer

Selective vocabulary 133

contare, to count
conte, *m.*, count
contenere, to contain
contento, contentone, happy
contessa, contessina, countess
conto, account
contrada, region
contrastante, opposing
contrasto, argument
contro, against
convegno, meeting; *darsi convegno,* to arrange to meet
convíncere, to convince
convitato, guest
coperta, blanket
coperto: *p. part., coprire*
còppia, couple
copriletto, bedspread
coprire, to cover
coràggio, courage
corda, cord, rope, string
coricarsi, to lie down, go to bed
cornice, *f.*, frame
corona, crown
corpo, body
corrente, current; *al corrente,* informed
córrere, to run
corsa: *di corsa,* running
corse: *p. def. correre*
corte, *f.*, court
corteo, procession
cortile, *m.*, courtyard
còscia, thigh, leg of a bird
cosicché, so that
costui, that fellow
cotesta, that
crànio, skull
creatura, creature, child, baby
crepacuore, *m.*, heartbreak
créscere, to grow
cristallo, crystal
croccante, crisp
croce, *f.*, cross
crudele, cruel
cucchiaino, spoon

cucina, kitchen; cooking
cucinare, to cook
cugino, cousin
cui, whom, which
cuòcere, to cook
cuore, *m.*, heart
curare, to care for; *curarsi,* to care
cuscino, cushion

dài, here, come on!
dama, lady
danaro, money
danza, dance
dapprincípio, at first
dare, to give: *dare retta,* to heed, pay attention
dato che, since
davanti a, in front of
davanzale, *m.*, window ledge
davvero, really
dea, goddess
decídere, to decide
decise, decísero: *p. def., decidere*
decretare, to decree
decreto, decree
demònio, devil
dente, *m.*, dentino, tooth
dèntice, *m.*, dentex: a kind of fish with sharp teeth
dentro, inside
deschetto, cobbler's bench
desiderare, to wish, desire
desidèrio, wish, desire
desinare, to dine; meal, dinner
desse, deste: *p. subj., dare*
destarsi, to wake up
destra, right
dèttero: *p. def. dare*
devoto, devout
dí, day
dia: *pres. subj. or polite imper., dare*
diamante, *m.*, diamond
diàvolo, devil
dibàttersi, to wriggle

dica: *pres. subj. or imper., dire*
didietro, backside
diede, dièdero: *p. def., dare*
dietro, behind
difatti, in fact
difèndere, to defend
difese: *p. def., difendere*
digiuno, hunger, fasting
dimenarsi, to wriggle
dindò, ding-dong
dire, to say
diritto, right; straight; pointing, directed
dirupo, precipice
discórrere, to talk
disgràzia, misfortune; *disgraziato,* unfortunate
disperarsi, to despair
disperato, hopeless, desperate
disporsi, to prepare
disposto, willing
dissodare, to break up
dissotterrare, to unearth
disse; *p. def., dire*
disteso, lying down
distrúggere, to destroy
dito, *pl. f. le dita,* finger
divenire, to become
divenne: *p. def., divenire*
diventare, to become
diverso, different
divertimento, amusement, enjoyment
divertirsi, to enjoy oneself
divídere, to divide
diviso: *p. part., dividere*
dolce, sweet, *aqua dolce,* fresh water.
dolere, to sadden, hurt
dolore, *m.,* sorrow, grief, pain
domattina, tomorrow morning
donde, whence, from where
dorso, ridge
dote, *f.,* dowry
dotto, learned
dovrei, dovresti: *cond., dovere*

dozzina, dozen
draga, drago, dragon
drappello, troop
dritto, straight ahead; directly
dúbbio, doubt
dubitare, to doubt
dunque, so, therefore
duole, *pres. ind., dolere*
durare, to last
duro, hard

ebbe, èbbero: *p. def. avere*
ebbene, well, now then
elèggere, to elect
elemòsina, alms
eletto, *p. part., eleggere*
empirsi, to fill up
entro, within
equipàggio, crew
erba, grass, weed
erede, *f.,* heir
ereditare, to inherit
esattore di tasse, tax collector
esaudire, to grant
esce: *pres. ind., uscire,* to go out
esperto, expert
èssere, *m.,* being
estremo, extreme; *all'estremo,* at the last gasp
evitare, to avoid

fàbbrica, manufacture
fabbricante, *m,* maker
fabbricare, to make, build
fàccia, face; *in faccia a,* across from; *polite imper. or pres. subj. of fare*
fàggio, beech
fagioli, fagioletti, beans
falce, *f.,* scythe
falcetto, sickle
fama, fame
fame, *f.,* hunger
fanciulla, girl, maiden
fango, mud

fantasma, *m.*, phantom, ghost
fare, to do, make, say; *far finta,* to pretend; *far presto,* to hurry; *far la spesa,* to do the shopping; *far le pulizie,* to do the cleaning; *far torto,* to do wrong; *far vedere a,* to show
farina, flour
faro, beacon, lighthouse
fascina, bundle of sticks
fàscio, bundle
fata, fairy
fatica, labour, effort, bother, weariness
fatti: *di fatti,* in fact
febbricitante, feverish
feci, fece: *p. def., fare*
fede, *f.,* faith
fedele, faithful
fégato, liver
felce, *f.,* fern
felice, happy
fémmina, girl, woman
fendente, *m.*, cutting blow
ferire, to wound
ferita, wound
fermare, fermarsi, to stop
fermo, still
festa, festicciola, party, celebration
festeggiare, to celebrate
fetente, foul, stinking
fiacca, laziness; *battere la fiacca,* to loaf
fiàccola, torch
fiamma, flame
fianco, side
fiasco, flask
fiato, breath
ficcare, to thrust
fico, fig; fig tree
fidanzamento, engagement
fidarsi, to trust, to risk
fidúcia, faith, trust
fiero, bold, proud
figliastra, stepdaughter

figuràtevi, just imagine!
fila, queue
filo, thread, strand; *fil di voce,* whisper
finalmente, finally, at last
finché, until; as long as
fine, *f.,* end; *adj.,* fine
fíngere, to feign, pretend
fino a, until, as far as, up to
finse: *p. def., fingere*
finto, false, pretended
fiocco, flake; bow; *coi fiocchi,* in grand style
fiore, *m.*, flower
fischiare, fischiettare, to whistle
físchio, whistle
fissare, to fix
fissazione, *f.,* fixation, obsession
fitto, thick, dense
fiume, fiumana, river
focàccia, bun
fòglia, leaf
folla, crowd
folto, thick
fondo, bottom, far end; *adj.*, deep
fontana, fountain, spring
fonte, *f.,* spring
fòrbice, *f., usually pl.,* scissors
forca, pitchfork; gallows
forchetta, fork,
forestiero, stranger (from out of town)
forma, shoemaker's last
forno, oven
forte, hard, strong, loud
fortuna, fortune, luck
forza, strength, force; *per forza* perforce
fossa, hole, ditch, grave
fossato, fosso, ditch
fosse: *p. subj., essere*
fosti: *p. def., essere*
frasca, bough
frastuono, uproar
frate, *m.*, friar
fregare, to rub

fretta, haste; *aver fretta,* to be in a hurry
fríggere, to fry
frittella, fritter
fronte, *f.,* forehead; *di fronte,* opposite
frugare, to search
frustare, to whip
frutta, frutto, fruit
fruttiera, fruit dish
fruttivèndolo, fruit seller
fucilata, rifle shot
fucile, *m.,* rifle
fuga, flight
fuggire, to flee
fúlmine, thunderbolt
fumare, to smoke
fumo, smoke
fune, *f.,* rope
fungo, mushroom
funzione, *f.,* church service
fuoco, fire
furbo, sly

gabbiano, seagull
galantuomo, gentleman
galla: *a galla,* afloat, on the surface
gallina, hen
gallo, cock
gamba, leg
garbato, polite
garzone, man-of-all-work
gattaiola, cat door
gatto, cat
gelosía, jealousy
gelso, mulberry
gelsomino, jasmine
gemelli, twins
gèmere, to moan
gemma, gem
gènero, son-in-law
gente, *f. sing.,* people
gentile, kind, sweet,
gesto, gesture

Gesú, Jesus
gettare, to throw
ghiacciato, frozen
ghignare, to grin
ghiotto, greedy
già, already; yes, of course
ginòcchio, knee
ginocchioni, kneeling
giocare, to play
giocatore, player
giòia, joy
gioiello, jewel
giornata, day
giostra, joust
gióvane, young; young person
giovanotto, young fellow
giovinezza, youth
girare, to go around; to turn
giro, trip, circuit, turn
giú, down
giúdice, *m.,* judge
giúngere, to reach, to arrive at
giunse: *p. def., giungere*
giunta: *di giunta,* besides, as well
giunto: *p. part., giungere*
giurare, to swear
giustízia, justice; the law
giusto, fair, honest
góccia, góccio, drop
godere, to enjoy
godièdero: *dialect p. def. form of godere*
gola, throat
gónfio, swollen
gracidare, to croak
gragnuola, hail, shower
gramo, wretched, miserable
grànchio, granchiolino, crab
grandicello, big *(dim., grande)*
grandina, fairly big
gràndine, hail
grano, grain
grasso, fat
gràzia, mercy, grace, pardon, favour
gregge, *f.,* flock

grembiule, *m.*, apron
gremito, filled
gridare, to shout, cry
grido, shout, cry, proclamation
grínfie, *f. pl.*, claws, clutches
grosso, big
guadagnare, to earn
guai, *m. pl.*, trouble
guaire, to whimper
guància, cheek
guàrdia, guard
guarire, to cure; to get well
gúscio, shell, pod

hu, peacock (see *La penna di hu*, note 1, p. 101)

ignudo, naked
imbandito, laid
impappinarsi, to stammer, falter
imparare, to learn
impazzire, to go mad
impiastro, poultice
impíccio, hindrance
impietosire, to take pity
impietrire, to turn to stone
imprecare, to curse
improvviso, sudden; *d'improvviso*, suddenly
incantare, to enchant, bewitch
incantésimo, incanto, spell, enchantment
incerottato, plastered
inchino, bow
incolto, uncultivated
incontrare, to meet
incontràrio: *all'incontrario*, at cross purposes
incoraggiare, to encourage
incoronare, to crown
incrociare, to cruise
indicare, to point at, indicate
indietro, back, backwards; behind
indomani: *l'indomani*, the next day
indossare, to wear, put on

indovinello, riddle
indovino, soothsayer
infatti, in fact
inferno, hell
infilare, to put on, to slip in; *infilarsi*, to get in
infine, finally
infornare, to put into the oven
ingaggiare, to hire
ingegno, wit, cleverness
inghiottire, to swallow
inginocchiarsi, to kneel
ingioiellato, bejewelled
ingollare, to swallow, gulp down
ingrassare, to fatten
ingrato, ungrateful, ungrateful person
ingresso, entrance
innamorarsi, to fall in love; *innamorato*, in love
innanzi, before, in front of
insanguinato, bloody
insegnare, to teach, to show
inseguimento, pursuit
inseguire, to follow
insetto, insect
insòlito, unusual
insospettirsi, to get suspicious
installarsi, to settle
intanto, meanwhile; *intanto che*, as, while
intèndere, to agree, to hear, understand
intenerirsi, to soften
interloquire, to join in a conversation
intero, whole, entire
intese: *p. def. intendere*
intorbidare, to cloud, darken
intorno, around
inútile, useless
invano, in vain
invece, instead, rather, however
investire, to run over
invídia, envy
irato, angry

ísola, island
isolotto, islet
issare, to raise
istante, *m.*, instant

labbro (*pl. f., le labbra*), lip
làccio, noose
ladro, thief
laggiú, down there; over there
lago, laghétto, lake
làgrima (*làcrima*), tear
lamentarsi, to complain
làmpada, lamp
lampadàrio, chandelier
lampo, flash, lightning
lància, lance
lanciare, to throw
largo, wide; *al largo*, out at sea; *farsi largo*, to make way
lasciare, to leave, let
lassú, up there
lastra, lastrone, slab
làstrico, pavement; *al lastrico*, destitute
lato, side
latrare, to bark
latte, *m.*, milk
lavarsi, to wash
lega, league
legare, to tie
leggero, light (in weight)
legnata, blow with a stick
legno, wood
lentamente, slowly
lentícchie, f.pl., lentils
lenzuolo (*pl. f., le lenzuola*), sheet
leone, *m.*, lion
lesse: *p. def., lèggere*, to read
letto, bed
levare, to lift, take out; *levarsi*, to rise, to take off
libbra, pound
liberare, to free
líbero, free
licenziare, to sack; *licenziarsi*, to take leave, resign

límpido, clear
lingua, tongue, language
linguàggio, language
lite, *f.*, quarrel
litigare, to quarrel
livrea, livery
locanda, inn
locandiere, *m.*, innkeeper
lontano, far
luccicante, gleaming
luccicare, to sparkle
luce, *f.*, light
lucèrtola, lizard
lume, *m.*, light
lungo, long; along; *lungo disteso*, stretched out
luogo, place
lutto, mourning

macelleria, butcher's shop
maestà, majesty
maestro, teacher
maga, sorceress, witch
maggiordomo, butler
maggiore, older, oldest
magro, thin, lean
mai, never, ever
mala (*rare*), bad; *mala arte*, black art, black magic
malandrino, brigand
malato, ill
malattia, illness, disease
male, *m.*, ill, evil; *adv.*, badly
maledetto, cursed
maledizione, *f.*, curse
malumore, *m.*, ill-humour
mammalucco, buffoon
mancare, to lack, fail; *mancare di parola*, to break one's word
mancherebbe: *cond., mancare*
manciata, handful
manco, not even (*coll.*)
mandare, to send; *mandar giú*, to swallow
manina: *dim., mano*, hand

mantellina, cape
mantenere, to keep, maintain
manto, cloak
manzo, steer
marchese, *m.*, marquis
mare, *m.*, sea
marengo, gold coin
marinàio, sailor
maritare, to marry
marito, husband
marmitta, pot
marmo, marble
martello, hammer
màschio, boy, man; *adj.*, male
masnada, gang
massaro, farmer, manager
Mastro, Master (Sicilian form of address)
matrigna, stepmother
matto, mad
mazzo, mazzolino, bunch (of flowers); pack (of cards)
medésimo, same
mèdico, doctor
mèglio, better
mela, apple
melagrana, pomegranate
melagrano, pomegranate tree
melo, apple tree
membro (*pl. f., le membra*), limb
menare, to beat (*usual meaning: to lead*)
mendicante *m.*, beggar
meno, less
mentre, while
menzogna, lie
meravíglia, wonder, marvel, amazement
mercante, *m.*, merchant
mercato, market
merciàio, pedlar
merenda, tea, light meal
meritare, to deserve
meschino, wretched
mescolare, to mix
Messa, Mass

messaggero, messenger
messo: *p. part., mettere*
metà, half
méttere, to put; *mettere al mondo*, to bring into the world; *mettersi a*, to begin
mezzaluna, crescent-shaped knife
mezzano, middle
mezzo, half, middle
mezzogiorno, noon
mica: see *Cola Pesce*, note 2, p. 107.
miètere, to reap
míglio (*pl. miglia*), mile
mirare, to aim
mise: *p. def., mettere*
misericòrdia, mercy
modo, way
móglie, *f.*, wife
mollo: *mettere a mollo*, to soak
molo, pier, wharf
mondare, to weed
mondo, world
moneta, coin
montagna, mountain
montare, to mount
montone, *m.*, ram
mòrdere, to bite
morire, to die
moro, Moor; *alt. form of muoio*
morse: *p. def., mordere*
morto, dead; dead person
mosca, fly
mosse: *p. def., muovere*
mostrare, to show
mucca, cow
múcchio, heap, pile
múggine, *m.*, mullet
mulinello, whirlpool
mulo, mule
muoio, muore: *pres. ind., morire;* **muoia**: *pres. subj., morire*
muòvere, muòversi, to move
muro, wall
muso, snout, nose

nacque: *p. def., nascere*
nàscere, to be born
nascóndere, nascondersi, to hide
nascondíglio, hiding place
nascose: p. def., nascondere
naso, nose
nato, *p. part., nascere*, born
nave, *f.*, ship
neanche, not even
negare, to deny
nemmeno, not even
neppure, not even
nido, nest
nipote, *m. or f.*, grandchild; niece or nephew
nitrire, to whinny
nocciola, hazelnut
noce, *f.*, walnut
noialtri, we, us
nominare, to name, to mention; to appoint
nonna, nonnina, grandmother
nonno, grandfather
notízie, *f. pl.*, news
nozze, *f. pl.*, wedding
nudo, naked
nulla, nothing
nuotare, to swim
núvola, cloud
nuziale, nuptial

obbedire, to obey
oca, goose
occhiata, glance, look
ode: *pres. ind., udire*
odiare, to hate
oggi, today
ognuno, everyone
òlio, oil
omaccione, *m.*, big fellow
ombèlico, navel
ombra, shade, shadow
ombrellino, parasol
omo: *dial. form, uomo*, man
omone, *m.*, huge man
onda, wave

òppio, opium
oppur, oppure, or else
ora, hour; now
orbo, blind; one-eyed; *botte da orbi*, a savage assault
orca, orc (a type of monster)
ordinare, to order
órdine, *m.*, order
orécchio, ear
orecchini, ear-rings
òrfano, orphan
orma, trace, track, trail
ormai, now, by now
oro, gold
orológio, clock
orso, bear
orto, vegetable garden
osare, to dare
òspite, *m. or f.*, guest; host
òsso, *pl.* ossi, *m. and* ossa, *f.*, bone
ostería, inn
òstia, Host

pace, *f.*, peace
padella, pan
padrona, mistress
padrone, *m.*, padroncino, master
paese, *m.*, village; country
pagare, to pay
pàggio, page
pagherei: *cond., pagare*
pàglia, straw
pagliàio, barn, hayloft
pagnotta, a round loaf
pàio, pair
pala, spade, shovel
palazzo, palace
palla, ball
pàllido, pale
palmato, webbed
palombella, wood-pigeon
panciolle: *stare in panciolle*, to lounge about
pane, *m.*, bread
panierino, basket
panni, *m. pl.*, clothes, cloths

Selective vocabulary

pantano, marsh, bog
Papa, *m.*, Pope
paramenti, *m.pl.*, vestments
parato, decorated
parente, *m. or f.*, relative
parere, *m.*, opinion
parlamento, way of speaking
parola, word
parrucca, wig
parte, *f.*, side, part
partita, match, game
pascolare, to pasture, graze
pàscolo, pasture
passare, to pass
passeggiare, to walk, stroll
pàssero, sparrow
passo, step
pastore, pastorella, shepherd, shepherdess
patacca, cheap metal
patire, to suffer, endure
patrigno, stepfather
patto, pact; a *patto che,* provided that
patúrnia, bad temper
paúra, fear
pavone, *m.*, peacock
peccato, sin; pity
pece, *f.*, pitch
pécora, sheep
pecoràio, shepherd
pèggio, worse
pelato, bare
pelle, *f.*, skin
peloso, hairy
penare, to suffer
penna, feather
pensare, to think
pensiero, thought
pentolino, saucepan
penzolare, to hang, dangle
pera, pear
perbacco, my goodness!
percalle, cotton cloth, percale
perciò, so, therefore
percórrere, to cross

pèrdere, to lose
perdonare, to forgive, pardon
perdono, pardon
pericoloso, dangerous
perla, pearl
pernice, *f.*, partridge
pero, pear tree
perseguitare, to persecute, pursue
persona, person
pertúgio, hole, chink
pesante, heavy
pesare, to weigh
pesca, fishing
pescare, to fish
pesce, *m.*, fish
pesco, peach tree
pesto, pounded, beaten
pettinare, to comb
pèttine, *m.*, comb
petto, chest
pezzo, piece, bit; period of time
piacere, to please; *n.m.*, pleasure
piacque: *p. def., piacere*
piaga, wound
piagnisteo, lamentation
piagnucolare, to whine, whimper
piàngere, to weep
piano, softly
pianse: *p. def., piangere*
pianta, plant, tree
piantare, to plant
pianto, weeping
pianura, plain
piatto, plate; flat
piazza, square
picchiare, to beat
piccino, little
pidòcchio, louse
piè, *piede,* foot
piede, *m.*, foot
piegato, folded
pieno, full
pietà, pity, mercy
pietra, pietrone, stone
pietruzza, pebble

pigliare, to take; to pick up; to catch
pignatta, large saucepan
pigrízia, laziness
pióggia, rain
piombare, to fall, plummet
piombo, lead
pipa, pipe
piuma, feather, plume
piumato, plumed
piuttosto, rather
pizzicare, to itch
podere, *m*., farm
poggiare, to rest (on), lean
poiché, since
pollo, chicken
polmone, lung
polpàccio, calf of leg
polpo, octopus
poltrone, lazy person
pólvere, *f*., **polverina**, dust, powder
pòpolo, populace, people
pòrgere, to offer, hand over
porse: *p. def., porgere*
porre, to put, place
portare, to carry, to take
portata, reach; *a portata di mano*, at arm's length
porto, port
portone, *m*., door, gate
posare, to place, put; *posarsi*, to alight
possa: *pres. subj., potere*
postino, postman
posto, place; *p. part., porre*
potere, to be able; *n. m*., power
poveretto, poor fellow
pòvero, poor, poor man
pranzo, dinner
pratería, prairie
prato, meadow
predilígere, to prefer
preferenza, preference
pregare, to pray, beg
preghiera, prayer

prèndere, to take
preoccupato, worried
prese, presi, présero: *p. def., prendere*
prestare, to lend
presto, soon, early
prete, *m*., priest
pretendente, *m*., claimant
prezioso, precious
prigione, prison
prigioniero, prisoner
prima, before, earlier, first
príncipe, *m*., prince
principesco, princely
principessa, princess
principío, beginning; *da principio*, at first
priore, *m*., prior
procurare, to procure, get
profumo, scent, perfume
promessa, promise
prométtere, to promise
promise, promísero: *p. def., promettere*
pronto, ready
pròprio, just; really; own
prosciutto, ham
pròssimo, next
prova, test
provare, to try, prove; *provarsi*, to try on
provvedere, to provide
provviste, provisions
pugnale, *m*., dagger
pugno, fist, fistful
pulce, *f*., flea
pulire, to clean
pulito, clean
pulizía, cleaning
punire, to punish
puntare, to point
punto, point, spot; *in punto*, exactly
pure, still; also; even

qua, here
quadro, picture

Selective vocabulary 143

quàglia, quail
qualcosa, something
qualcuno, someone
quale, which, what
qualsíasi, whatever
qualunque, any, whatever
quartiere, *m.*, section, quarter
quatto quatto, silently
quattrini, *m. pl.*, money (*colloq.*)
questi, the latter

raccapezzarsi, to make out, realise
raccògliere, to gather
raccolto, harvest
raccomandare, to recommend, to tell; *raccomandarsi*, to implore
raccontare, to tell, narrate
rado, rare; *di rado*, rarely
radunare, radunarsi, to gather together
radura, clearing
raggiúngere, to reach, join
raggiunse, raggiúnsero: *p. def.*, *raggiungere*
ragione, *f.*, reason; *aver ragione*, to be right
ragliare, to bray
rallegrarsi, to be glad
ramo, branch
rana, frog
rannicchiarsi, to crouch
rastrello, rake
rattoppare, to patch, mend
rattoppascarpe, *m.*, shoe-mender
ravanello, radish
re, *m.*, king
reale, royal; real
recipiente, container
recuperare, to recover
rèdini, *f. pl.*, reins
regalare, to give (as a gift)
regalo, gift
règgere, to hold up
regina, queen

reginella, princess
regno, kingdom, realm
remare, to row
remo, oar
rèndere, to render; to give back
rese: *p. def.*, *rendere*
resístere, to resist, hold out
reso: *p. part.*, *rendere*
respirare, to breathe
respiro, breath
restare, to remain; *restar male*, to feel badly
resto, rest, remainder; *del resto*, anyway
rete, *f.*, net
retta: *dare retta*, heed, pay attention
reuzzo, king (*dial.*)
riàbbia, *pres. subj.*, *riavere*
riacciuffare, to catch again
riappiccicare, to stick on again
riaprire, to reopen
riavere, to get back
ribàttere, to retort
ricamare, to embroider
ricchezza, wealth
ricco, rich
ricerca, search
richiúdere, to re-close
ricomparire, to reappear
ricondurre, to bring back
riconobbe: *p. def.*, *riconoscere*
riconoscenza, gratitude
riconóscere, to recognise
ricoperto, covered
ricordare, ricordarsi, to remember
ricordo, memento, souvenir
ricotta, a white soft cheese
ricòvero, shelter
ricucire, to mend, sew up
ricuperare, to recover
ridare, to give back
rídere, to laugh
ridiate: *pres. subj.*, *ridare*
riempire, to fill

rifare, to remake
riferire, to refer to
riflesso: *p. part., riflettere*
riflèttere, to reflect
rimanere, to remain
rimase, rimàsero: *p. def., rimanere*
rimasto: *p. part., rimanere*
rimediare, to remedy
rimèdio, remedy
rimestare, to stir
riméttere, to put back; to stake; to give up
rimise: *p. def., rimettere*
rimorso, remorse
rimpiàngere, to regret, lament
rincasare, to go home
rinchiuso, shut up
rincórrere, to run after
ringraziare, to thank
ripartire, to leave again
riportare, to take back
riposarsi, to rest
riprèndere, to resume
risa, risata, laughter
riscaldare, to heat up, to warm
rise: *p. def., ridere*
rispóndere, to answer
risposare, to remarry
rispose: *p. def., rispondere*
risposta, answer
risuscitare, to revive
risvegliarsi, to reawaken
ritorno, return
riva, shore, bank
rivedere, to see again
riverenza, bow
riverire, to bow
rivestirsi, to get dressed again
rivolere, to want back
rivòlgere, to turn, direct
rívolo, stream
rivoltare, to turn over
rivolto: *p. part., rivolgere*
rizzare, to erect
roba, goods, things, possessions

rómpere, to break
róncola, pruning hook
rosicchiare, to gnaw
rotondo, round
rotto: *p. part., rompere*
rovesciare, to overturn, empty
rovèscio: *a rovescio,* backwards
rovina, ruin
rovinare, to ruin
rubare, to steal, rob
rubino, ruby
rumore, *m.*, noise
ruota, wheel
ruscello, brook

sàbbia, sand
sacchéggio, robbery, sack
sacco, sack, bag; sackcloth
sacro, holy, sacred
sàggio, wise
sagrestano, sexton
sala, hall
salamanna, a type of grape
salàrio, wages
salcíccia (*normally salsíccia*), sausage
salpare, to set sail
saltare, to leap, jump
salto, leap
salutare, to greet; to take leave
salute, *f.*, health; cheers!
salvare, to save
salvatore, saviour
salvo, safe
sangue, *m.*, blood
sano, well, healthy
sapere, to know
sapienza, wisdom
saporito, tasty
sappi: *familiar imper., sapere*
saracino, saracen, heathen
sarei: *cond. essere*
sasso, stone
saziare, to satiate
sbarazzarsi di, to get rid of
sberleffo, grimace

sbigottito, awed
sbocciare, to bloom
sbottare, to burst
sbranare, to tear to pieces
scàbbia, scabies
scala, stairway; ladder
scalciare, to kick
scalpitío, hoofbeats
scampare, to escape
scampo, way out, escape
scappare, to escape, run off
scàrica, discharge
scaricare, to unload
scarpa, shoe
scarso, scarce
scatenare, to unleash
scàtola, scatolina, box
scavare, to dig, dig up
scégliere, to choose
scelto: *p. part., scegliere*
scena, scene
scéndere, to get down, descend
scendiletto, bedside mat
scese: *p. def., scendere*
sceso: *p. part., scendere*
scheggiato, splintered
scherzo, joke
schiacciare, to smash, crush
schiarire, to clear, grow light
schiena, back
schiera, crowd, group, rank
schifo, disgust
schifoso, disgusting
schioccare, to snap
schioppo, shotgun
sciàbola, sabre
sciacquío, splashing
sciagurato, wretched
scialo, luxury
scialuppa, lifeboat
scímmia, monkey
scintillare, to sparkle
sciocchezza, nonsense, foolishness
sciògliere, to solve, dissolve, untie

sciolse: *p. def., sciogliere*
scodella, bowl
scòglio, rock, crag
scomméttere, to bet
scomparire, to disappear
sconosciuto, unknown, stranger
scopare, to sweep
scoppiare, to burst
scoprire, to discover, uncover
scordare, to forget
scortese, rude
scosse: *p. def., scuotere*
scrignetto, jewel case
scrollatina, a little shake
scudería, stable
scudo, shield; old Italian coin
scuola, school
scuòtere, to shake
scuro, dark
sdirupare, to fall off a cliff
sdraiarsi, to lie down
sebbene, although
secco, dry; dead
sedere, to sit; *n.m.*, backside
sèdia, chair
segnare, to mark
segno, mark, sign
segreto, secret
seguente, following
seguire, to follow
sella, saddle
sembrare, to seem
sementa, seeds, sowing
seminare, to sow, sprinkle
sémplice, simple
sempre, always; still
sentiero, path
sentimento, feeling
sentire, to hear, feel, smell
seppe: *p. def., sapere*
seppellire, to bury
serbare, to keep
serpa, coach box
serpente, *m.*, snake
serratura, lock
servire, to serve; to be useful

servízio, service
servo, servant, lackey
sesto, sixth
seta, silk
setacciare, to sieve
setàccio, sieve
sete, *f.*, thirst
sfidare, to challenge
sfido!, of course!
sfoderato, unsheathed
sfondare, to break, break through
sfuggire, to flee
sgabello, stool
sgomentarsi, to be dismayed
sgridare, to scold
sguardo, look
sgusciare, to pop out
sia, siate: *pres. subj., essere*
siccome, as, since
sicuro, sure, safe, secure
siepe, *f.*, hedge
sigillare, to seal
signore: *il Signore*, the Lord (Christ)
signorino, young gentleman
sii: *imper., essere*
silenzioso, silent, quiet
slegare, to untie
sméttere, to stop, cease
smise, smísero: *p. def., smettere*
smontare, to dismount
smòrfia, grimace
soddisfare, to satisfy
soffiare, to blow; to steal (*colloq.*)
sognare, to dream
sogno, dream
soldato, soldier
soldo, small coin; *soldi*, money
sòlito, usual; *al solito*, as usual
sollevare, to lift
solo, only, alone
soltanto, only
soma, load, burden
somaro, beast of burden (ass)
sonno, sleep; *aver sonno*, to be sleepy

sopra, on, over, above
soprattutto, above all, especially
sor, *dial. form, signore*
sorcetto: *dim., sorcio,* mouse
sordo, deaf
sorella, sister
sorellastra, stepsister
sorgente, *f.*, spring
sorpassare, to pass over
sorprèndere, to surprise
sorpresa, surprise
sorpreso, *p. part., sorprendere*
sorso, sip
sorta, sort
sorte, *f.*, fate
sospirare, to sigh
sostegno, support
sotterràneo, underground, cellar
sotterrare, to bury
sotto, under; *di sotto*, down, below
sottoterra, underground
spaccare, spaccarsi, to split
spada, spadino, sword
spalancare, to open wide
spalla, shoulder
spallata, shove with the shoulder
sparare, to shoot
spàrgere, to spread, scatter
sparse: *p. def., spargere*
sparire, to disappear
sparo, shot, shooting
spartire, spartirsi, to share, divide
spasso: *a. spasso*, strolling
spaventare, to frighten; *spaventarsi*, to be frightened
spavento, fright
spaventoso, frightful
spazzare, to sweep
spazzatura, sweepings, rubbish
spècchio, mirror
spèndere, to spend
spento, extinguished
speranza, hope
sperare, to hope

Selective vocabulary 147

spesa: *far la spesa*, to do the shopping
spezzatino, stew
spianare, to level
spiare, to spy; to spy on, watch
spiccare: *spiccare un salto*, to take a leap
spicciarsi, to hurry
spiedo, roasting spit
spiegare, to explain
spillone, *m*., large hairpin
spina, tap; thorn
spíngere, to push
spiràglio, peephole, crack
spirare, to die; *m*., expiration
splendente, shining
spogliarsi, to undress
spòrgere, to stick out, protrude
sposa, bride
sposalízio, wedding
sposare, to marry
sposi, newlyweds
sposo, bridegroom
spostare, to move, displace
sprecare, to waste
sprèmere, to squeeze, wring
sprofondarsi, to sink
spronare, to spur
spulciare, to pick fleas off
spuntare, to appear
squisito, delicious
sradicare, to uproot
stabilirsi, to settle down
staccare, staccarsi, to detach
stacci, stay there (*imper., starci*)
staffa, stirrup
stalla, barn, stable
stamane, this morning
stancarsi, to get tired
stanco, tired
stanza, room
stare per, to be about to
stato, state, condition; *p. part., essere*
stavolta, this time
stella, star

stento, hardship
stesse: *p. subj., stare*
stesso, same, very; *lo stesso*, all the same, anyway
stette, stettero: *p. def., stare*
stia: *pres. subj., stare*
stia, coop
stièdero: *dia. form, stèttero*
stiletto, dagger
stirpe, clan, race, tribe
stivali, stivaletti, *m. pl.*, boots
stoffa, cloth
stola, stole
stòria, tale; history
storione, *m*., sturgeon
stràccio, rag
strada, road; *strada maestra*, high road
strangolare, to strangle
strappare, to pull out, tear off, break off
strappo, hole, tear
strascicare, to drag
stràscico, train
strattone, *m*., wrench, jerk
strega, witch
stregato, bewitched
strepitare, to screech
stretto, tight, narrow; strait
stridente, harsh, shrill
stríngere, to squeeze; *stringersi nelle spalle*, to shrug
strumento, instrument
struzzo, ostrich
stufarsi, to get fed up
stupefatto, amazed
stupito, astonished
su, up; *su!*, come on!
succèdere, to happen; to follow, succeed
successe: *p. def., succedere*
succhiare, to suck
sudare, to sweat
súddito, subject
sudiciume, *m*., filth
suonare, to sound, play, ring

supplicare, to beg
sussultare, to jump, start
sussurare, to whisper
svegliare, svegliarsi, to wake up
svéglio, awake; quick, lively
svelare, to reveal
svelto, quick
svestirsi, to undress
svignarsela, to slip off, sneak away
svolta, turn, bend

tacere, to be silent
taglialegna, woodcutter
tagliare, to cut
tagliere, chopping block
tanto, as, so; as much, so much; anyway
tappare, to stop up
tappetàio, carpet seller
tappeto, carpet
tardare, to be late, delay
tardi, late
tarí, old Sicilian coin
tasca, pocket
tassa, tax
te': *tieni*, here!
tempesta, storm
tempo, time; weather
tèndere, to hold out; to tend; *tendere l'orecchio*, to prick up one's ears
tenere, to hold, keep; *tenere a (tenerci)*, to care about
tenne: *p. def., tenere*
tentare, to tempt; to try
tèrmine, *m.*, term
terrazzo, terrace
terrò: *fut., tenere*
terzo, third
tese: *p. def., tendere*
tesoro, treasure
testa, head
tetto, roof
tímpani, eardrums
tinozza, vat

tipo, type
tirare, to pull, draw; *tirare il collo*, to wring the neck; *tirare dritto*, to go straight ahead; *tirare avanti*, to carry on
titolare, titular (bishop)
to' (*togli*), well, well!, you don't say!
toccare, to tough; *toccare a*, to befall, fall to
tògliere, to take away
tolse: *p. def., togliere*
tolto: *p. part., togliere*
tondo, round; *in tondo*, in a ring
tonto, dim-witted
topo, rat or mouse
toppa: *toppa di serratura*, keyhole
tòrcere, to twist; *torcere le mani*, to wring the hands
torcibudella, cramp (*budella, f. pl.*, guts)
torma, herd
tornare, to return; *tornare a fare*, to do again
toro, bull
torre, *f.*, tower
torrente, *m.*, stream
torto: *p. part., torcere*
tra, between, among; in (length of time)
tràccia, trace, track
tracolla: *a tracolla*, across the back
traditore, *m.*, **traditrice**, *f.*, traitor, betrayer
trafíggere, to stab
trafisse: *p. def., trafiggere*
trafittura, stab wound
trambusto, bustle, turmoil
tramontano, north
tranne, except
tranquillo, calm; *stia tranquillo*, don't worry
trasalire, to start, be startled
trascinare, to drag

trasecolare, to be amazed
trasformare, to transform
trasportare, to transport
trattare, to treat, deal; *trattarsi di*, to be about, to concern
trattenere, to hold back
tratto: *ad un tratto*, suddenly
traversare, to cross, go through
travestire, to disguise
tréccia, plait, tress
tremare, to tremble
tressette, *m.*, a card game
tríglia, red mullet
triste, sad
tromba, trumpet
trono, throne
troppo, too, too much
truppa, troop
tuffarsi, to dive
tulle, *m.*, tulle, lace
tuono, thunder
turchino, deep blue

ubbidienza, obedience
ubbidire, to obey
ubriaco, drunk
ubriacone, drunkard
uccello, bird
uccídere, to kill
uccise: *p. def., uccidere*
ucciso: *p. part., uccidere*
udire, to hear
ufficiale, officer, official
uguale, equal, the same
úngere, to oil, grease
únghie, *f. pl.*, nails
único, only
unire, unirsi, to join, unite
urlare, to howl, yell
úscio, door, doorway
uscire, to go out; to come out
uscita, door, way out
uso, use
útile, useful, of use
uva, grapes

vacca, cow
vada: *pres. subj., andare*
valere, to be worth
valicare, to cross over
valle, *f.*, valley
vano, vain
vasca, bath, pool
vassóio, tray
vecchietta, vecchina, little old woman
vecchierello, little old man
vècchio, old, old man
vedere, to see
védova, védovo, widow, widower
vegliare, to stay awake, keep watch
vela, sail
velare, to veil
velluto, velvet
véndere, to sell
vendicarsi, to take revenge
venire, to come
venne, vénnero: *p. def., venire*
vento, wind
ventosa, sucker
ventura: *alla ventura*, at random
vergogna, shame
vergognarsi, to be ashamed
verità, truth
versare, to pour
verso, verse, line of poem or song; sound made by an animal; *non ci fu verso*, there was no way
verso, *adv.*, towards
veste, *f.*, gown; *vesti*, clothes
vestito, dress; *vestiti*, clothes
vetrata, windowpane
via, road; *adv.*, away; *interj.*, come on!
viàggio, journey
viale, *m.*, avenue
viavai, coming-and-going
vicino, neighbour; *adv.*, near, neighbouring
vide, vídero: *p. def., vedere*

villano, peasant
víncere, to win
vino, wine
vinse: *p. def., vincere*
vinto: *p. part., vincere*
virtú, power, virtue, property
visse: *p. def., vivere*
vista, sight
visto che, seeing that
vittòria, victory
vívere, to live
víveri, *m. pl.*, provisions
vivo, living, alive
voce, *f.*, voice; rumour
vòglia, desire, wish
volare, to fly
volentieri, willingly
volere, to want; *voler bene a*, to love; *voler dire*, to mean
voliere, bird cage
volle: *p. def., volere*

volo, flight
volta, time
voltarsi, to turn around
volto, face
vorrà, *fut., volere*
vorrei: *cond., volere*
vuotare, to empty
vuoto, empty

zafferano, saffron
zampillo, jet of water
zappa, hoe
zappare, to hoe
zi': *zio,* uncle
zitto, silent
zoppicare, to limp
zoppo, zoppetto, lame
zúfolo, whistle, pipe
zuppa, zuppettella, bread soaked in broth